JENS KOPPERMANN

BIER BRAUEN BUCH

Die besten Rezepte zum Bierbrauen, um Schritt für Schritt ganz leicht Ihr eigenes Bier herzustellen

Email: info@edition-lunerion.de
www.edition-lunerion.de

Psiana eCom UG
Berumer Str. 44
26844 Jemgum

Vorwort

Flüssiges Gold, flüssiges Brot oder sogar flüssiges Glück: Zahlreiche kreative wie liebevolle Bezeichnungen für den Gerstensaft machen die besondere Liebe vieler Menschen zu diesem speziellen Getränk deutlich. Für wahre Bierfans ist Bier mit nichts zu vergleichen – warum also die Begeisterung für den Trunk nicht ausleben und das nächste Feierabendbier einmal selbst brauen? Das schenkt nicht nur unvergleichlichen Genuss, sondern geht auch kinderleicht – und wie, das zeigt Ihnen dieses Buch!

Ob klassisches Hefeweizen und Pils, berühmte Spezialitäten wie Kölsch und Doppelbock oder außergewöhnliche Varianten wie India Pale Ale und Double IPA – es gibt vermutlich mehr Biersorten als Länder auf der Welt und so ist schließlich für jeden Geschmack gesorgt. Im Fachhandel finden Sie längst auch exotische Köstlichkeiten, allerdings oft zu stolzen Preisen und in limitierter Auswahl – ein guter Grund, sich das kostbare Getränk selbst ins Glas zu zaubern. Weitere Pluspunkte: Bier genau nach Ihrem Geschmack, mit besten Zutaten und dazu das unvergleichliche Gefühl von „selbstgemacht". Zum Glück ist das auch in den heimischen vier Wänden möglich und mit den zahlreichen Rezepten in diesem Buch werden Sie mit Münchner Hellem, Wiener Export, Imperial Stout und vielem mehr im Handumdrehen selbst zum Braumeister.

Guten Appetit!

INHALT

Wissenswertes

Bier – das flüssige Gold ist schon seit Jahrtausenden ein fester Bestandteil menschlicher Trink- und Genusskultur. Gerade in Deutschland genießt die Braukunst einen hohen Stellenwert und kaum einer würde wohl sein genüssliches Feiertagsbier missen wollen. Aber auch im Rest der Welt ist das köstliche Erfrischungsgetränk beliebt: Fast jedes Land, teilweise sogar jede Region und jede Stadt, besitzt ihr eigenes hausgebrautes Bier. Mit der Verbreitung der verschiedenen Brauarten und der Verfügbarkeit der Zutaten wird auch das Heimbrauen immer beliebter. So kommt es, dass neben den ältesten und bewährtesten Rezepten auch immer mehr Craftbeer auf den Markt kommt und die Bierauswahl zugleich größer und vielfältiger wird. In diesem Buch möchten wir Sie in die Welt der Bierbraukunst entführen und Ihnen zeigen, mit welchen Tricks und Kniffs auch Ihnen die Herstellung gelingt. Dazu unternehmen wir zunächst einen kleinen Ausflug in die Geschichte des Biers.

KLEINE GESCHICHTE DES BIERS

Manch einer mag überrascht sein, dass schon vor über 10.000 Jahren die ersten Formen des Biers ihren Einzug in den menschlichen Alltag erhalten haben. So schrieb Tacitus, seinerseits Geschichtsschreiber im Römischen Reich, von einem Gersten- und Weizengebräu der Germanen. Aber auch im alten Ägypten gehörte das Bierbrauen zur Kultur dazu, nicht weniger als Pyramiden und Gotteskulte. Es war sogar Brauch, den Pharaonen Bier beizugeben, wenn sie zur Ruhe gesetzt wurden. So konnten die altägyptischen Herrscher auch nach Ihrem Ableben noch das beliebte Getränk genießen – so glaubte man. Die frühesten Spuren des Biers führen uns sogar bis in die Steinzeit zurück: Dort trank man einen alkoholhaltigen Gerstenbrei, der dem heutigen Bier wahrscheinlich nur in wenigen Sachen etwas nachstand.

Es gibt sogar Theorien, dass das Bierbrauen seinen Teil zur Gründung der Zivilisation beigetragen hat. Streng gesehen ist Bier nämlich wenig anders als flüssiges Brot: dieselben Zutaten, nur in einem anderen Zustand. Mit dem festen Anbau von Weizen vermehrte sich die Möglichkeit des regelmäßigen Brauens und Backens. Das war Anreiz dafür, dass Menschen sich niederließen und ihre Zeit damit verbrachten, das Weizen anzubauen. So waren sie in der Lage, ihr geliebtes Getränk auch in großen Mengen zu produzieren und zu verkosten.

Das Kloster St. Gallen in der Schweiz ist eine der ersten dokumentierten Bierbrauereien. Hier haben die Mönche bereits 820 nach Christus das Brauen zu ihrer Arbeit gemacht. Mit dem aufsteigenden Handel im 16. Jahrhundert wurde auch Exportbier zum Schlager und Brauereien produzierten nicht mehr nur lokal, sondern für einen großen Markt.

Der genaue Prozess des Bierbrauens – die Hefefermentierung – wurde dagegen erst im 18. Jahrhundert entdeckt. Zuvor kannte man sich zwar gut genug aus, um die leckere Erfrischung herzustellen, aber man wusste nicht *warum* aus Weizen ein echtes Hefeweizen wurde. Bis heute hat sich aus dieser vielfältigen Geschichte eine große gesellschaftliche Bedeutung des Biers auf der ganzen Welt entwickelt. Ob heimisch oder international, dunkel oder hell, stark oder mild, Bier hat in fast allen Kulturen einen besonderen Stellenwert und trägt besondere Ereignisse der Geschichte mit sich.

Übrigens findet sich unsere Liebe zum Bier sogar in unserer Sprache wieder: Wenn es noch Hoffnung gibt, so hat man „noch nicht Hopfen und Malz verloren" – die zwei Hauptzutaten des Biers. Diese Redewendung hat ihren Eingang durch die Bierbrauerei gefunden und steht metaphorisch dafür, dass man eben immer noch Chancen hat, ein Ziel zu erreichen. Denn erst, wenn das Bierbrauen schiefgeht, sind Hopfen und Malz wirklich verloren.

Immer beliebter wird mit den neuen technischen Möglichkeiten auch das Heimbrauen. Mittlerweile ist es geradezu erschwinglich, wenn man Zeit und Lust hat, sein eigenes Bier zu brauen. Natürlich bleibt es trotzdem eine Kunst, ein gutes Bier herzustellen – man muss üben und Lust darauf haben, sich mit Bier auseinanderzusetzen. Um Ihnen dies zu erleichtern, haben wir hier die wichtigsten Informationen zum Bierbrauen zusammengetragen.

ZUTATEN IM BIER

Die grundlegenden Zutaten von Bier sind immer dieselben: Wasser, Hopfen, Hefe und Malz. Das gebietet auch das Reinheitsgebot. Die meisten Biersorten basieren auf dieser Grundlage, können jedoch in weiteren Zutaten variieren. In einem längeren Gär- und Reifeprozess werden sie miteinander vermischt und immer wieder richtig temperiert. Jeder Schritt im Bierbrauprozess ist von Bedeutung, angefangen mit der Auswahl der Inhaltsstoffe.

Wasser

Als Wasser zum Bierbrauen können Sie einfach Leitungswasser verwenden. Das Wasser kann natürlich auch aufbereitet werden. Hier wird's chemisch: Im Grunde ist Brauen nämlich nichts anderes als die Überführung von Zutaten aus einem speziellen chemischen Ausgangszustand in einen chemischen Zielzustand. Bedeutsam für die Aufbereitung des Wassers ist die Wasserhärte. Die Wasserhärte umfasst die Karbonathärte und Nichtkarbonathärte. Karbonate sind Salze der Kohlensäure. Ionen der Karbonathärte vernichten Acidität (das Säureverhalten), Ionen der Nichtkarbonathärte fördern sie. Bedeutsam für das Bierbrauen ist aber nicht die Wasserhärte an sich, sondern die Restalkalität. Die Restalkalität beschreibt, welchen Einfluss das Brauwasser auf den pH-Wert der Maische (erstes Stadium des Bierbrauens bestehend aus Malz und Brauwasser) hat. Genauer gesagt gibt die Restalkalität an, was von der säurezerstörenden Wirkung der Karbonate übrig bleibt, nachdem die Härter in der Maische reagiert haben. Die Restalkalität wird in °dH angegeben und kann vom Brauer durch Aufbereitung des Brauwassers beeinflusst werden. Welche Restalkalität als Maß herangezogen werden sollte, ist von der Sorte des Biers abhängig. Pils braucht eine geringe Restalkalität von 0 °dH, während Lager, Bockbiere, Kölsch und Export eine Restalkalität von wenigstens unter 5 °dH haben sollten. Alle dunklen und Weizenbiere sollten eine Restalkalität von 10 °dH nicht überschreiten. Das Wasser kann in drei Schritten aufbereitet werden: Beim Abkochen des Wassers (ca. 30 Minuten) wird die Restalkalität um ca. 5 °dH reduziert, durch die Hinzugabe von Braugips um bis zu 2,8 °dH bei maximal 3 g Braugips pro Liter Wasser. Auch die Zugabe von Sauermalz kann die Restalkalität um bis zu 10 °dH senken. Für den Anfang benötigen Sie kein aufbereitetes Wasser, aber je mehr man sich in das Bierbrauen hineinfuchst, desto genauer kann man auch bei dieser Zutat schon vorgehen.

Malz

Als Malz bezeichnet man Getreide, das schon gekeimt ist, aber nochmals getrocknet wurde. Malz gibt es von jeder Getreide- oder Pseudogetreidesorte. Neben den verschiedenen Getreidesorten kann man Malz auch anhand seiner Farbe (hell oder dunkel) oder der Röstaromen unterscheiden. Malz ist auch für die Farbe des Biers verantwortlich. Die Bierfarbe wird in EBC gemessen: je höher der Wert, desto dunkler die Farbe. Achtung: Die Farbe des Bieres ist nicht automatisch die Farbe des Malzes, wobei dunklere Malze natürlich dunkleres und hellere Malze helleres Bier ergeben.

Hopfen

Der Hopfen ist eine Pflanzenart der Hanfgattung und wird zur Haltbarmachung des Biers verwendet. Hopfen gibt dem Bier einen eher bitteren Geschmack und wird vom Bierbrauer in größeren oder kleineren Mengen, je nach Biersorte, verwendet. Man unterscheidet zwischen Bitter- und Aromassorten (BH und AH). Wie der Name schon sagt, sind die Aroma-Sorten milder als die Bittersorten und verleihen daher dem Bier einen ausgewogenen, würzigen Geschmack. Bittersorten werden allerdings üblicherweise eingesetzt, da diese mehr der für den Brauprozess nötigen Bitterstoffe beinhalten. Von Aromahopfen braucht man beim Brauen daher deutlich größere Mengen als vom günstigeren Bitterhopfen. Klassische Bittersorten sind u. a. Wye Target, Nugget und Herkules. Bekannte Aromasorten sind Perle, Saphir und Spalter. Beim Bierbrauen gibt es immer eine sogenannte „Bitter"- und eine „Aroma"-Gabe. Manchmal wird für beide Gaben derselbe Hopfen verwendet. Der Kochzeitpunkt entscheidet dann darüber, ob die Hopfengabe primär für die Bitterkeit oder das Aroma zuständig ist. Hopfen wird meistens in sogenannten „Pellets" verkauft und kann so auch für die Bierherstellung verwendet werden. Alternativ werden Sie auch Rezepte finden, bei denen die Hopfenangaben in Dolden (natürliche Hopfenform) angegeben ist. Viele Biere enthalten sowohl Bitter- als auch Aromahopfen, die zu unterschiedlichen Zeiten im Brauprozess hinzugegeben werden.

Hefe

Die Hefe ist essenziell für die Gärung des Biers und sorgt dafür, dass aus der Würze Bier wird. Verwendet wird eine spezielle Bierhefe, keine alltagsgebräuchliche Backhefe. Es gibt zwei große Hefekategorien, zwischen denen man beim Bierbrauen unterscheidet, und zwar ober- und untergärige Hefe. Die Verwendung eines ober- oder untergärigen Hefestamms hat einen bedeutenden Einfluss auf den Bierbrauprozess. Darüber hinaus gibt es unterschiedliche Hefestämme beider Kategorien, die je nach Stamm unterschiedliche Eigenschaften haben. Da die einzelnen Hefestämme von wenigen Anbietern hergestellt werden, sind in den Rezepten die Hersteller mit angegeben. So ist die Zuordnung der Hefe eindeutig – Wer sich auskennt, kann die Hefen am Ende natürlich entsprechend mit Alternativen von anderen Anbietern ersetzen. Bekannte Hersteller sind u. a. Fermentis und Mangrove Jack's. Ein weiterer Unterschied ist, dass es sowohl Flüssig- als auch Trockenhefe gibt. Für den Heimbrauer ist gerade am Anfang trockene Hefe zu empfehlen, da bei der Flüssighefe unbedingt ein sogenannter Hefestarter angesetzt werden muss. Der Unterschied zwischen ober- und untergäriger Hefe hat darüber hinaus eine größere Bedeutung für die Kategorisierung der Biere und wird im Folgenden nochmals genauer erläutert.

UNTERSCHIEDE ZWISCHEN BIEREN IM ÜBERBLICK

Da Bier so ein integraler Bestandteil verschiedenster Kulturen ist, haben sich über die Jahrhunderte auch alle möglichen Sorten von Bieren entwickelt. An dieser Stelle möchten wir Ihnen daher einen kleinen Überblick über generelle Unterschiede zwischen Bieren und den geläufigsten Biersorten geben. Zunächst einmal gilt, dass jedes Bier aus den vier oben beschriebenen Zutaten gebraut wird. Weiterhin kann man Biere anhand von vielen Merkmalen unterscheiden: Stammwürze, Alkoholgehalt, Farbe oder Getreideart. Eines der wichtigsten Kriterien ist aber, ob das Bier mit ober- oder untergäriger Hefe gegoren wurde.

Untergärige Hefe und obergärige Hefe unterscheiden sich dem Namen nach dadurch, dass erstere nach der Gärung nach unten sinkt und letztere nach oben steigt. Untergärige Biere sind diejenigen, die unter Einsatz von untergärigen Hefestämmen gebraut werden, und obergärige entsprechend denjenigen, die mithilfe von obergärigen Hefestämmen gebraut werden. Für das Brauen ist das vor allem wegen der Temperatur von Bedeutung, da untergärige Hefestämme eine niedrigere Temperatur während der Gärung brauchen (zwischen 4 und 9 °C). Insgesamt brauchen Biere, die mit untergäriger Hefe

gebraut werden, auch eine längere Gärzeit, nämlich zwei bis sechs Wochen. Obergärige Hefe gärt stattdessen bei 18 bis 22 °C und braucht nur vier Tage bis zwei Wochen bis zum Ende des Gärprozesses. Die unterschiedlichen Temperaturen sind auch maßgeblich mitverantwortlich für den zentralen Unterschied zwischen unter- und obergäriger Hefe: Bei höheren Temperaturen kann die obergärige Hefe nämlich Gärungsgase bilden, die dazu führen, dass sie nach oben schwimmt und von da am Ende des Gärungsprozesses abgeschöpft wird. Obergärige Biere sind meistens etwas fruchtiger und besitzen eine Fülle von Aromen, die sich auch schon beim bloßen Geruch entfalten, während untergärige Biere voller und kräftiger schmecken. Sie haben außerdem den Vorteil, länger gelagert werden zu können.

Untergärige und obergärige Bierhefen gibt es sowohl in Trocken- als auch in Flüssigform. Für Weizenbier wird meistens Flüssighefe verwendet, allerdings gibt es auch hier mittlerweile Trockenhefestämme zu kaufen.

Neben ober- und untergärigen Bieren kann man auch dem Alkoholgehalt der Biere nach Namen vergeben: Biere mit einem Alkoholgehalt unter 0,5 Vol.-% sind sogenannte alkoholfreie Biere, alles darüber bis 3,7 Vol.-% Leichtbiere. Ein Alkoholgehalt von 4,5 und 7 Vol.-% verleiht einem Bier den Namen „Vollbier“ und wenn ein Bier einen Alkoholgehalt von über 7 Vol.-% erreicht, darf es sich „Starkbier“ bzw. „Bockbier“ nennen.

DIE WICHTIGSTEN BIERSORTEN – KURZ ERKLÄRT

Pils

Das klassische untergärige Bier Pils wurde benannt nach der tschechischen Stadt Pilsen und erfreut sich bis heute größter Beliebtheit, vor allem in Deutschland. Es schmeckt eher herb und hat einen Alkoholgehalt von etwa 4 bis 5 Vol.-%.

Export

Dieses untergärige Bier hat einen etwas höheren Alkoholgehalt von etwa 5 bis 6 Vol.-% und wurde dem Namen gerecht werdend zum Export gebraut. Um länger haltbar zu sein, wurde es stärker eingebraut. Das Exportbier zeichnet sich durch seinen kräftigen, herben Geschmack aus.

Märzen

Auch Märzen hat seinen Namen seiner Geschichte zu verdanken: Dieses vollmundige, süßliche Bier wurde nämlich traditionell im März gebraut, da Bierbrauer früher im Sommer nicht brauen durften. Märzen hat einen Alkoholgehalt von 5 bis 6 Vol.-% und wird mit untergäriger Hefe gebraut.

Lager

Lager umfasst im englischen Sprachgebrauch alle untergärigen Biere, im Deutschen ist es aber eine spezielle Biersorte, die im Winter gebraut wurde und das ganze Jahr überstehen konnte – also im wahrsten Sinne des Wortes gelagert wurde. Lager ist ein untergäriges Bier, das mild und süffig ist und fast eine süßliche Note hat, weil es nicht stark nach Hopfen schmeckt. Der Alkoholgehalt liegt bei 5 bis 6 Vol.-% und macht es damit zum Vollbier.

Weizen

Weizen ist eine obergärige Vollbiersorte (4 bis 5 Vol.-%), die vor allem in Süddeutschland beliebt ist. Es muss mit mindestens 50 % Weizenmalz gebraut werden, um sich Weizenbier nennen zu dürfen. Weizen ist für seinen hohen Erfrischungsgehalt bekannt und schmeckt eher süßlich, bleibt dabei aber vollmundig. Weizen ist in Bayern auch als Weißbier bekannt.

Helles

Helles ist ein untergäriges Vollbier (4,7 bis 5,4 Vol.-%), das mit untergäriger Hefe gebraut wird. Es hat eine schwache Hopfenausprägung und ist sehr mild. Dabei ist es außerdem wegen seiner Verträglichkeit äußerst beliebt. Helles ist nahe verwandt mit Kellerbier.

Dunkelbier

Als Dunkelbier bezeichnet man ein kräftiges Vollbier (4 bis 6 Vol.-%), das sich durch seine dunkle Färbung auszeichnet. Diese entsteht durch die Farbe des Malzes. Außerdem zeichnet sich dieses untergärige Bier durch seinen kräftigen Malzgeschmack aus.

Bockbier

Dieses Starkbier (7 Vol.-%) gibt es sowohl in dunkler als auch in heller Form. Es sticht durch seinen starken Malzgeschmack hervor und zeichnet sich darüber hinaus durch einen erhöhten Stammwürzegehalt aus. Es gibt viele verschiedene Bockbierarten, die je nach Jahreszeit besonders beliebt sind bzw. waren, so z. B. der Festbock zur Weihnachtszeit und der Maibock im Frühsommer.

Kölsch

Kölsch ist ein obergäriges Bier, das einen sehr milden und malzigen Geschmack vorweist und lange gelagert wird. Es hat einen Alkoholgehalt von 4 bis 5 Vol.-% und ist ein recht leichtes Bier. Ob sich ein Bier Kölsch nennen darf, regelt übrigens die 1985 in Stand gesetzte Kölsch-Konvention.

Kellerbier

Kellerbier ist ein untergäriges Vollbier (4 bis 6 Vol.-%), das nicht sehr haltbar ist und daher seinem Namen den Umstand zu verdanken hat, dass es „direkt aus dem Keller getrunken wird". Es ist sehr süffig und beinhaltet kaum Kohlensäure.

Alt

Altbier ist ein obergäriges Vollbier (4 bis 5 Vol.-%), das gebraut wurde, als es noch keine Möglichkeit gab, die Biere während der Gärung zu kühlen. Es schmeckt eher nussig und hat einen starken Malzcharakter.

Ale

Ale ist ein Sammelbegriff für britisches obergäriges Bier, das von 3 bis 10 Vol.-% Alkoholgehalt haben kann. Ale schmeckt meistens fruchtig und hat ein starkes Aroma. Im Gegensatz zu den meisten anderen Bieren beinhaltet Ale keinen Hopfen. Stattdessen wird es aus gemälzter Gerste gebraut. Ein bekanntes Ale ist zum Beispiel das Indian Pale Ale (kurz IPA), das vor allem durch Craftbeer-Herstellung Berühmtheit erlangt hat und sich durch seine fruchtige Note auszeichnet. Außerhalb Deutschlands wird der Name „Ale" übrigens für jedes Bier verwendet, was oftmals für Verwirrung sorgt.

Biermix-Getränke

Biermischgetränke bezeichnen alle Erfrischungsgetränke, die zum Teil mit Bier und zum Teil mit einem anderen Getränk gemischt werden. Beim Radler ist dies Limonade, es gibt allerdings unzählige verschiedene regionale und internationale Biermischgetränke.

BRAUMETHODEN

Wie Sie sehen, gibt es allerlei verschiedene Biersorten. Der Geschmack unterscheidet sich selbst bei gleicher Sorte häufig durch die genutzten Zutaten und das Handwerk des Braumeisters. Trotzdem wird Bier immer auf eine bestimmte Art hergestellt – und beinhaltet dieselben Schritte. An dieser Stelle wollen wir Ihnen daher einen Überblick über die verschiedenen Phasen des Bierbrauens geben. Grundsätzlich folgen die immer gleichen Arbeitsschritte in einer geordneten Reihenfolge. Begonnen wird mit dem Maischen, das im Braukessel stattfindet. Von dort aus wird das Bier geläutert, was bedeutet, dass die festen von den flüssigen Bestandteilen getrennt werden. Hiernach wird das Bier gekocht, und zwar unter Zugabe von Hopfen. Nach dem Kochen folgt eine Gär- und Nachgärphase, die mit der Reifung endet. Je nach Bier- und Hefeart sowie den Lagerumständen kann der Prozess wenige Tage bis mehrere Wochen und sogar Monate dauern. Deshalb sind viel Geduld und saubere Arbeit erforderlich.

Vorbereitung

Es ist noch kein Brauer vom Himmel gefallen. Daher ist es wichtig, sich vor dem ersten (und jedem weiteren) Bierbrauen die entsprechende Zeit zu nehmen und den Arbeitsplatz gut vorzubereiten. Dazu gehört auch, für die richtige Hygiene zu sorgen, weil es sonst leicht zur Verunreinigung des Biers kommen kann. Sorgen Sie also dafür, dass Sie nicht nur Zutaten und Arbeitsmaterialien vor Ort haben, sondern auch einen Überblick über die Hygiene und die Zeit. Alle Hilfsmittel und Kochutensilien sollten abgekocht werden, besonders nach dem Hopfenkochen. Am besten ist es, mindestens den ganzen ersten Brautag einzuplanen und auch noch extra Zeit am Tag darauf. Sorgen Sie dafür, dass Sie Ihre Utensilien jederzeit mit heißem Wasser und Desinfektionsmittel sterilisieren können. So beugen Sie Infektionen vor.

Maischen

Maischen nennt sich die Vermengung von Brauwasser und Malz. Dabei wird das Malz zum Brauwasser gegeben und die Flüssigkeit erhitzt. Ziel ist es, durch die veränderte Temperatur den Zucker im Malz zu lösen. Dieser Zucker ist es, der während des Gärungsprozesses durch die Hefe zu Kohlensäure und Alkohol wird. Während des Maischens werden mehrere Phasen von Temperaturstufen durchlaufen. Das Halten dieser Temperaturstufen nennt man „Rasten". Dabei finden viele enzymatische Umwandlungen statt. Die Raststufen werden abhängig von der verwendeten Getreidesorte, der Stammwürze und der Vergärbarkeit eingesetzt. Sie werden zudem nichts zwangsläufig in Reihenfolge der Temperatur angewandt, sondern können auch durch Erhitzen und Abkühlen in unterschiedlichen Reihenfolgen stattfinden. Von kalt nach heiß unterscheidet man zwischen der Glukanaserast (35-40 °C, 15-30 Min.), Weizenrast (45-48 °C, 1 Min., zwei Rasten), Proteaserast (auch Eiweißrast, 50-58 C, 10-20 Min.) und der Maltoserast (60-68 °C, 30-90 Min.). Zudem kommt es beim Maischen zur Verzuckerung (68-76 °C, 15-30 Min.), die dem Bier seinen Geschmack gibt. Der Maischvorgang endet mit dem sogenannten „Abmaischen", in welchem die Enzymtätigkeiten durch Erhitzung beendet werden. Die Maische darf aber nicht über 80 °C erhitzt werden, da sonst der Geschmack nachhaltig beeinträchtigt werden kann. Das Abmaischen findet bei einer Temperatur von 77-80 °C statt und dauert ca. 20 Minuten.

Läutern

Beim Bierbrauen entsteht sogenanntes „Treber". Treber sind Rückstände vom Malz, die nicht im fertigen Produkt sein sollen. Das Läutern dient der Trennung der Würze – den flüssigen Bestandteilen – vom Treber. Der restliche Zucker im Treber wird danach in einem Nachguss aus dem Treber gewaschen. Dieser Vorgang nennt sich „Anschwänzen". In den meisten Bier-Rezepten wird eine bestimmte Menge an Wasser für den Hauptguss – das Wasser, das beim Maischen verwendet wird – und dem Nachguss angegeben, damit keine Verwirrung entsteht. Falls Sie das Wasser aufbereiten, achten Sie also darauf sowohl Haupt- als auch Nachguss zu nutzen. Wenn die Würze vom Treber getrennt wird, sollte man darauf achten, nicht die ganze Flüssigkeit abzufüllen, sondern eine dünne Schicht über dem Treber zu lassen. Sonst trocknet er und zieht sich zusammen. Beim Läutern wird in der Regel nach dem Hauptguss eine 20-minütige Läuterruhe eingehalten. Der Nachguss braucht meistens eine kürzere, etwa 10-minütige Ruhezeit.

Hopfen-Kochen

Die Würze wird gemeinsam mit Hopfen gekocht – dies sorgt dafür, dass das Bier haltbar wird. Außerdem machen die Aroma- und Bitterstoffe des Hopfens einen wesentlichen Teil des Geschmacks des späteren Endproduktes aus. Meistens gibt man den Hopfen in zwei Hopfengaben hinzu, die sich je nach Menge des Hopfens und der gewünschten Bitterkeit errechnen. Beim Hopfenkochen sollte man außerdem den Arbeitsplatz möglichst nicht verlassen, sondern ein Auge auf das entstehende Bier haben. Sobald die Phase beendet ist, muss unbedingt auf Sterilität geachtet werden, da mögliche Keime nun nicht mehr „verkocht" werden können.

Die Hopfengaben erfolgen meistens in 2-3 Schritten, wobei die erste Hopfengabe am Anfang des Würzekochens stattfindet (Bittergabe) und die zweite/dritte am Ende des Kochvorgangs (Aromagabe). Nach dem Abschalten der Hitzezufuhr wird die Würze gleichmäßig und vorsichtig gerührt, bis eine Art Strudel entsteht – diesen nennt man den „Whirlpool". Die Würze ist dabei in Bewegung und dreht sich von selbst im Kreis. Der Whirlpool wird 20 Minuten lang in Ruhe gelassen. Bei manchen Rezepten erfolgt die zweite oder dritte Hopfengabe erst im Whirlpool. Beim Transferieren der Würze in den Gärtank wird mit einem Sieb und einem sterilen Küchentuch der Hopfen gefiltert und so nicht mit in den Gärtank gegeben.

Hinzugeben der Hefe

Die Hefe ist die wesentliche Antriebskraft der Gärung beim Bier. Zum Arbeiten braucht die Hefe aber bestimmte Bedingungen. Jede Hefe arbeitet aber zu einer eigenen Idealtemperatur – deswegen unterscheidet sich die genaue Temperatur zwischen den Rezepturen oft. Die Würze muss aber gekühlt werden, sobald sie mit dem Hopfen gekocht wurde. Die Hefe darf aber erst dann hinzugegeben werden, wenn die Idealtemperatur erreicht wurde. Diese liegt bei obergärigen Hefestämmen deutlich höher als bei untergärigen Hefestämmen. Wegen der temperatursensiblen Eigenschaften der Hefe sollte sich unbedingt im Vorhinein Gedanken darüber gemacht werden, wie und wo das Bier gelagert werden kann und wie eine ideale Temperatur sichergestellt werden kann. Bei einer Flüssighefe müssen Sie zunächst einen Hefestarter anlegen, in welchem sich die Hefe vermehrt. Dazu wird die Hefe mit ein wenig Würze vermischt und in ein Behältnis gegeben, in welcher sie sich vermehren kann. Trockenhefe wird großzügig über der Würze verteilt und kann dann 30 Minuten an der Luft rehydrieren. Danach wird Würze mit einer abgekochten Küchenkelle von unten nach oben gezogen, damit viel Sauerstoff eingearbeitet wird. Wenn nichts anderes im Rezept erwähnt wird, wird dieser Schritt bei Trockenhefe immer durchgeführt. Wenn kein Gärtank mit Sauerstoffzufuhr (z. B. über ein Gärröhrchen) zur Verfügung steht, den Gäreimer nie ganz verschließen, sondern zwecks Sauerstoffzufuhr den Deckel nur auflegen.

Gärung

Während der Gärungsphase entsteht der eigentliche Alkohol. Auch die Kohlensäure entwickelt sich in dieser Phase. Mit dem Gären geht typischerweise ein Schäumen einher, das sich „Kräusen“ nennt. Die Gärungsphase kann, wie bereits beschrieben, unterschiedlich lange andauern. Sie sollten nicht alle paar Stunden schauen, wie die Gärung verläuft, sondern erstmals nach 24 Stunden, danach in einem Abstand von allen 3-5 Tagen. In dieser Zeit können Sie mithilfe einer Bierspindel die Stammwürze bemessen. Wenn sich der Gehalt der Stammwürze (gemessen in Grad Plato, s. u.) nicht mehr verändert, ist die Gärung vollzogen.

Allerdings kann man das Ende der Gärung auch daran erkennen, dass das Kräusen aufhört und das Bier somit inaktiv wird und nicht mehr „blubbert". 2 Messungen im Abstand von 3 Tagen reichen völlig, um die Gärung zu überprüfen.

Sobald die Gärung vollendet ist, wird das Bier in Flaschen abgefüllt. Die Hefe kann entweder vorher mit einer sterilen Küchenkelle abgeschöpft oder einfach in Ruhe gelassen werden (sie setzt sich dann von selbst ab). Man gibt etwas Zucker hinzu, um die Hefe zu reaktivieren. Dadurch entsteht noch mehr Kohlensäure. Das Flaschenabfüllen erfolgt, indem Traubenzucker mit der gleichen Menge Wasser aufgekocht und dann in den Braukessel gegeben wird. Bei 20 l Bier sind es 160 g Traubenzucker mit 160 ml Wasser. Das Jungbier wird auf das Traubenzuckergemisch gegeben und höchstens vorsichtig und erst, wenn es ganz im Braukessel ist, umgerührt, bevor es sodann abgezapft wird. Diesen Vorgang nennt man „Schlauchen". Für die Gärung kann man statt des Zuckers auch einen Teil der Würze einfrieren. Diese sogenannte „Speise" wird dann zum Jungbier hinzugegeben und dient demselben Zweck wie der Zucker. Der Zucker ist allerdings die einfachere Variante. Wenn in Brauanleitungen von Flaschenabfüllungen die Rede ist, sollte man also immer mitbedenken, dass hier die Zugabe von Speise oder Zucker erfolgt. Das Bier reift in den Flaschen an einem dunklen Ort nach. Dieser Vorgang kann nur eine, aber auch bis zu 6 Wochen und teilweise sogar ein paar Monate dauern.

Reifung

Gut Ding will Weile haben. In der Reifephase muss das Bier noch ruhen, nur so bekommt es den gewünschten Geschmack. Das Bier wird gekühlt, bis es genießbar ist. Auch diese Kühlungsphase kann sich zwischen den Biersorten unterscheiden. Normalerweise dauert die Reifung aber mehrere Wochen – deswegen ist hier ein wenig Geduld gefragt.

KLEINES BRAU-WÖRTERBUCH

An dieser Stelle möchten wir Ihnen die wichtigsten Begriffe des Bierbrauens vorstellen. Sie müssen sich nicht alles von vornherein merken, aber es kann durchaus hilfreich sein, die wichtigsten Begriffe parat zu haben!

European Brewery Convention (EBC)

Die EBC ist die Einheit, mit der die Farbe des Biers bzw. der Bierwürze berechnet wird. Eine niedrigere EBC zeigt einen goldenen Farbton, eine höhere einen bräunlich-schwärzlichen an.

Dekoktion

Dekoktion ist ein Maischverfahren. Das hier vorgestellte klassische Maischverfahren und Gegenstück zur Dekoktion ist das Kesselmaischen, bei welchem nach und nach Rasten eingelegt werden und das Malz fast immer zu Beginn ganz mit erhitzt wird. Bei der Dekoktion hingegen werden Teile der Maische separat gekocht und dann zur Restmaische dazugegeben. Das Zubrühen der gekochten Maische führt dazu, dass sich die Temperatur der Gesamtmaische ohne weitere Hitzezufuhr auf eine Temperatur erhitzt, die die nächste Raststufe darstellt. Die Dekoktion hat den Vorteil, dass durch sie die Stärke und andere Inhaltsstoffe des Malzes besser gelöst werden. Für die Dekoktion braucht man dazu also keinen Braukessel, der erhitzt werden kann – stattdessen wird die Maische in warmes Wasser gegeben, dessen Temperatur etwas über der ersten Rast-Temperatur liegt. Von der Maische wird ein Teil entnommen und separat erhitzt, wobei die Rasten auch bei der Teilmaische (wenn auch verkürzt) eingehalten werden sollen. Das Kochen zerstört zwar die Enzyme in der Kochmaische, aber in der Restmaische sind noch genügend vorhanden, damit das Maischen erfolgreich ist.

Dickmaische

Dickmaische ist Maische mit überwiegend festen Bestandteilen, die bei der Dekoktion in der ersten Stufe entnommen wird.

Hauptguss

Die erste Wassergabe, die mit dem Malz beim Maischen vermischt wird. Hopfenstopfen Als Hopfenstopfen wird die Hinzugabe von Hopfen in das kalte Jungbier bezeichnet. Dies hat den Zweck, die Aromen und Geschmäcker des Hopfens zu intensivieren, die beim Kochen verloren gehen.

Infusion

Ein Maischverfahren, bei dem ähnlich wie bei der Dekoktion die Temperatursteigerung durch Hinzufügen von gekochtem Wasser erfolgt. Anders als bei der Dekoktion wird hier allerdings keine Maische entnommen und gekocht, sondern das Brauwasser nach und nach erhitzt hinzugefügt.

International Bitterness Units (IBU)

Ein höherer IBU-Wert gibt einen höheren Bitterheitsgrad des Biers an. Die Bitterkeit berechnet sich nach dem Hopfen, vereinfacht gesagt nach den gelösten Alphasäuren im Bier. Ein Bier mit einem hohen IBU kann aber trotzdem weniger bitter schmecken, wenn der Malzgehalt angepasst ist; ein Bier mit hohem Malzgehalt braucht also eine erhöhte Bitterheit, um dieselbe subjektive Bitterkeit wie ein Bier mit geringem Malzgehalt zu erzielen.

Jungbier

Als Jungbier bezeichnet man das vergorene Bier nach der Hauptgärung, das noch nicht nachgegärt oder gereift ist. Jodprobe Die Jodprobe wird während der Verzuckerungsphase des Maischens durchgeführt, um festzustellen, ob das Maischen erfolgreich war. Entnehmen Sie dazu eine Probe aus der Maische und fügen Sie ein wenig Braujod hinzu. Verfärbt sich das Jod dunkelviolett oder schwarz, ist noch viel unverzuckerte Stärke in der Maische enthalten. Ist das Jod orange bis braunrot, ist bereits ein Großteil der Stärke in Zucker umgewandelt worden. Erst wenn das Jod gelb bis hellorange ist, spricht man von jodnormal – dieser Zustand sollte am Ende des Maischens unbedingt erreicht werden.

Läutern

Trennen der flüssigen von den festen Bestandteilen beim Bierbrauen. Messtabelle Zum Nachvollziehen der Gärung lohnt es sich, eine Messtabelle zu führen. Solche Tabellen kann man selbst erstellen, sie sind aber auch online einfach zu finden und auszufüllen. Die Messungen werden mit der Bierspindel durchgeführt und in Grad Plato aufgeschrieben.

Nachguss

Wasser, das zum Erschöpfen der vom Läutern verbleibenden Bestandteile im Treber genutzt wird. Normalerweise ist der Nachguss auf etwa 76 °C temperiert. Es werden bis zu drei Nachgüsse beim Bierbrauen genutzt. Bei der Gabe des Nachgusses sollten Sie vorsichtig die Flüssigkeit auf den Treber gießen, damit dieser nicht aufgewühlt wird. Gehen Sie also langsam und sorgsam vor. Der Läuterbottich sollte außerdem nicht bis zum oberen Rand mit Wasser bedeckt werden. Falls Sie eine große Menge Wasser für den Nachguss verwenden, teilen Sie ihn lieber in 2 Nachgüsse auf.

Rast

Rast bezeichnet beim Maischen das Einhalten einer gewissen Temperatur über eine bestimmte Zeit. Ziel ist es, die volle Wirksamkeit bestimmter Enzyme zu garantieren (Beispiel: 62 bis 64 °C für die β-Amylase bei der Maltoserast). Beim Maischen gibt es meistens mehr als eine Rastphase.
Stammwürze Die Stammwürze sind die Inhaltsstoffe, die vor der Gärung des Biers aus dem Malz gelöst werden. Dazu gehören unter anderem Malzzucker, Aminosäuren, Mineralstoffe und Proteine. Die Stammwürze wird mit Grad Plato bemessen (°P). Anhand der Stammwürze kann man verschiedene Biersorten unterscheiden. Die Stammwürze hat darüber hinaus einen Einfluss auf den späteren Alkoholgehalt des Biers. Die Bierspindel kann den Gehalt der Stammwürze bemessen.

Treber

Als Treber bezeichnet man diejenigen festen Bestandteile, die nach dem Läutern der Maische noch übrig sind. Sie setzen sich aus unlöslichen und noch ungelösten Bestandteilen von Malzschrot und Wasser zusammen.
Schlauchen Nach dem Gären wird das Jungbier für die Nachgärung in Flaschen gefüllt und mit einem Zuckerzusatz versehen. Diesen Prozess nennt man das Schlauchen.

Schüttung

Als Schüttung bezeichnet man das Malz, das in einen Sud geht.

Speisegabe

Für das Schlauchen muss der ideale Moment abgepasst werden, was entweder mithilfe eines Spundventils funktioniert oder aber durch die Speisemethode. Speise ist ein zuvor von der Würze entnommener Restextrakt, der gefroren und dem Jungbier vor dem Schlauchen vorgelegt wird. Die Menge wird nach dem Vergärgrad berechnet. Der einfachste Weg ist, die Nachgärung wie oben beschrieben mit Zucker durchzurühren (ersetzt das Spunden oder die Speisegabe).

Vorlegen

Vorlegen bezeichnet die Zugabe von heißem Wasser in den Läuterbottich bei einer Temperatur von 78 bis 80 °C. Dieser Vorgang soll dazu dienen, dass die Siebe nicht verstopfen, wenn die Maische in den Läuterbottich gefüllt wird.

Vorlauf

Beim Läutern ist es wichtig, sorgfältig vorzugehen, da sonst Treber aufgewühlt werden kann. Damit die Würze ordentlich vom Treber getrennt wird, lässt man einen sogenannten Vorlauf ab. Öffnen Sie dazu den Hahn im Läuterbottich und lassen Sie etwas Würze in Messbecher laufen, bis sie klar wird. Die aufgefangene Flüssigkeit kann direkt wieder auf den Treber im Läuterbottich gegossen werden. Versuchen Sie, diese Rückschüttung so vorsichtig wie möglich durchzuführen, damit der Treber sich nicht direkt wieder mit der Würze vermischt.

Whirlpool

Der Strudel, der nach dem Hopfenkochen durch stetiges Rühren entsteht und für etwa 20 Minuten ruhen sollte. Würze Die flüssigen Bestandteile des Biers, die beim Läutern vom Treber getrennt werden.

Zubrühen

Zubrühen ist ein Sammelbegriff für das Zugeben von kochendem Wasser im Maischvorgang. Das kann entweder Dickmaische oder Brauwasser sein, je nach Braumethode (siehe Dekoktion u. Infusion).

AUSRÜSTUNG ZUM BRAUEN

Bierbrauen ist eine Profession. Aber auch Hobbybrauen ist durchaus möglich und gar nicht so aufwendig, wie manch einer denkt – hat man erst einmal die richtige Ausrüstung. Am Anfang kann das natürlich etwas überfordernd wirken: Welche Geräte braucht man wirklich, welche nicht?

Braukessel

Natürlich braucht man zur Eigenherstellung von Bier erst einmal das richtige Gefäß zum Brauen. Mittlerweile gibt es für den Eigenbedarf eine große Auswahl an Braukesseln, die meistens etwa 20 Liter Bier brauen.
Obwohl Sie beim Braukessel besser nicht sparen sollten – er ist das wichtigste Behältnis beim Bierbrauen –, gibt es neben den professionellen Geräten durchaus preiswertere Alternativen. So kann im Prinzip auch ein Einkochautomat benutzt werden, wie er bei der Marmeladenherstellung verwendet wird.

Wichtig: Der Braukessel sollte in jedem Fall aus Edelstahl sein. Andere Metalle können den Geschmack des Biers verunreinigen und zudem lässt sich Stahl am besten reinigen. Wenn Sie keinen Braukessel verwenden, achten Sie darauf, dass Ihr Ersatzkessel eine „Entsaftungs"-Funktion hat, die es erlaubt, dass der Automat nicht sofort runterkühlt. Standardmäßig haben Braukessel eine Leistung von 2500 Watt. Ihr Braukessel sollte aber zumindest 1800 Watt haben, um geeignet zu sein. Alles darüber hinaus ist super, aber nicht zwangsläufig notwendig.

Nachgussheizer

Zum Aufbereiten des Nachgusses kann auch ein großer Topf hergenommen werden. Dieser sollte aber zumindest 15 Liter fassen. Sie können genauso gut einen Einkocher nehmen, der allerdings nicht so viel Leistung und Volumen wie der Braukessel haben muss.

Kugelhähne aus Edelstahl

Für das Bierbrauen werden Kugelhähne benötigt, die an Braukessel und Nachgussheizer angeschlossen werden können. Diese Hähne sollten, wie der Braukessel, aus Edelstahl sein. Für eine Menge von ca. 22 Litern Bier genügen Hähne, die einen Anschluss von etwa ½ Zoll haben. Die Anschlüsse am Hahnauslass sind etwa ¾ Zoll groß, weshalb hier auch ein passendes Reduzierstück gekauft werden sollte, damit der Hahn dicht am Kessel sitzen kann.

Rührwerk

Natürlich kann man, wenn man möchte, mit reiner Muskelkraft die Maische rühren. Ein Rührwerk macht diesen Vorgang allerdings um einiges einfacher. Auch hier sollte darauf geachtet werden, dass das Rührwerk aus Edelstahl ist. Wer sich zutraut, für mehrere Stunden mit der Hand zu rühren, kann auch auf einen Rührspatel umsteigen.

Brausteuerung

Eine Brausteuerung ist wichtig, um die richtige Temperatur und Zeit für das Brauen zu programmieren. Brausteuerungen sind schon relativ kostengünstig

zu erwerben und haben den Vorteil, dass alle Rasttemperaturen und -zeiten eingestellt werden können. Läuterhexe Eine Läuterhexe dient, wie der Name schon sagt, dem Läutern des Bieres. Sie sollte auch aus Edelstahl sein und hat die Form einer Spirale. Sie wird in den Braukessel verfrachtet und am Auslaufhahn befestigt. Nach dem Einmaischen sollte kurz gewartet werden, bis die Maische sich abgesetzt hat, bevor mit dem Läutern begonnen wird. Durch eine preiswerte Läuterhexe entfällt der Bedarf eines Läuterbottichs.

Gegenstromkühler

Wie oben bereits erläutert, folgt nach dem Kochen des Hopfens die Kühlung der Würze. Hierzu kann man die Würze in einem Würzekühler (auch aus Edelstahl) kühlen oder einen Gegenstromkühler verwenden.

Gärtank

Auch hier lohnt es sich wieder, in ein Gerät aus Edelstahl zu investieren. Die etwas billigeren Versionen aus Kunststoff haben den Nachteil, dass sich Hopfen- und Hefegeruch in ihnen festsetzt. Der Gärtank hat im besten Fall ein Gärröhrchen, das eine Sauerstoffzufuhr ermöglicht. Ansonsten gilt es, den Gärtank nicht ganz luftdicht zu verschließen, damit die Hefe ihre Arbeit tun kann.

Temperatursteuerung der Gärung

Für die Gärung ist die Temperatur von äußerster Bedeutung. Sie ist dafür verantwortlich, ob und wie gut aus der Würze Bier entsteht. Daher sollten Sie unbedingt irgendeine Form von Temperatursteuerung verwenden. Die meisten Gärtanks haben eine integrierte Temperatursteuerung, es gibt allerdings auch die Möglichkeit, sich eine eigene zu bauen. Nehmen Sie dazu am besten eine Heizfolie. Für diese Variante empfiehlt es sich außerdem, eine Temperatursteuerung und eine Thermomanschette zu kaufen, mit welchen Sie die Heizung des Gärtanks regeln können. Die Heizfolie kann mithilfe von Spanngurten um den Gärtank befestigt werden und erfüllt so denselben Zweck wie ein Gärtank mit integrierter Temperatursteuerung.

Flaschen

Als Flaschen für die Bierabfüllung eignen sich einfache Bügelflaschen. Wenn Sie Kronkorkenflaschen verwenden möchten, brauchen Sie zusätzlich eine Kronkorkenzange, um diese auf den Flaschen befestigen zu können. Für eine Bierladung von etwa 20 Litern brauchen Sie mindestens 40 (0,5 l) oder aber sogar 60 (0,33 l) Flaschen zum Befüllen.

Flaschenspüler

Die Flaschen, in denen Sie das Bier abfüllen, sollten immer gut sauber sein, damit keine Verunreinigungen entstehen. Hier empfiehlt es sich, in einen Flaschenspüler zu investieren, der an einen Wasserhahn angeschlossen werden kann. Das ermöglicht Ihnen, die Flaschen gründlich zu reinigen und wiederzuverwenden. Um die Flaschen zu trocknen, sollten Sie einen ausreichend großen Abtropfständer verwenden.

Abfüllröhrchen

Zum Abfüllen verwendet man am besten ein Abfüllröhrchen, das sehr preiswert (für unter 5 €) erworben werden kann. Dadurch wird weniger Sauerstoff beim Abfüllen in die Flaschen geleitet und es ermöglicht ein schnelles und sauberes Abfüllen des Bieres.

Flaschenmanometer

Beim Flaschenmanometer handelt es sich um ein Druckmessgerät, mit welchem gemessen werden kann, wie stark das Bier karbonisiert ist. Das ist bei der Nachgärung besonders wichtig. Für jeden Sud oder jede Abfüllung wird eine Referenzflasche befüllt, an der das Flaschenmanometer befestigt ist.

Thermometer

Ein einfaches Glasthermometer reicht zu Anfang völlig aus, um die Temperatur beim Brauen zu messen. Es kann z. B. an dem Rührspatel befestigt werden, um ein zeitgleiches Ablesen zu ermöglichen. Für den Kessel selbst eignet sich ein festes Thermometer, das beim Maischen und Hopfenkochen direkt abgelesen werden kann. Dies sollte wiederum aus Edelstahl sein.

Alternativ dazu kann selbstverständlich auch ein wasserfestes, digitales Thermometer verwendet werden, das in den Rührkessel eingelassen wird.

Bierspindel

Eine Bierspindel wird verwendet, um die Dichte des Bieres, also die Stammwürze, zu bestimmen. Eine hohe Stammwürze gibt ein starkes, eine niedrige ein leichtes Bier.

Waage

Sie sollten unbedingt eine Feinwaage verwenden, um Ihre Zutaten abzumessen. Feinwaagen können bis auf ein hundertstel Gramm (0,01 g) messen und sind von großem Nutzen, um den Zucker abzuwiegen. Hier kommt es auf eine besondere Genauigkeit an, die eine Haushaltswaage nicht messen kann.

Braujod

Braujod wird verwendet, um festzustellen, ob der Maischvorgang erfolgreich war. Dabei werden ein paar Tropfen Braujod mit wenig Maische vermischt. Durch die Färbung kann man ablesen, ob die Stärke vollständig zu Zucker umgewandelt wurde (in diesem Fall wäre das Maischen fehlerfrei verlaufen).

Messbecher

Der Messbecher, der beim Bierbrauen verwendet wird, sollte mindestens 1, besser sogar 2 Liter fassen, kann aber sonst ein herkömmlicher sein.

Reinigung

Edelstahlgeräte können grundsätzlich mit Geschirrspüler und klarem Wasser gereinigt werden und bedürfen ansonsten keiner besonderen Pflege. Bei der Reinigung der Flaschen sollten Sie darauf achten, ein gutes Reinigungsmittel zu nehmen, da sich sonst Keime im Bier bilden können. Die Geräte können danach mit einem für die Lebensmittelherstellung geeignetem Desinfektionsspray desinfiziert werden. Diese sind darauf ausgelegt, nicht nochmals abgewaschen werden zu müssen.

Weiteres Brauzubehör

Neben diesem grundlegenden Brauzubehör gibt es noch weitere praktische Anschaffungen, die Sie besser nicht missen sollten. Dazu gehören Dichtungen und Abdichtungsband für den Fall, dass einmal etwas nicht richtig sitzt oder leckt. Außerdem sollten Sie einen zusätzlichen Eimer aus Kunststoff bereithalten, indem die Flüssigkeit aufbewahrt werden kann, bevor sie nach dem Läutern zum Hopfenkochen genutzt wird (wenn kein Läuterbottich vorhanden ist). Der Eimer sollte hitzebeständig und nur aus PP-HD sein.

Werkzeug

Um die Hähne richtig anzuschließen und fest zu machen, benötigen Sie zumindest eine Rohrzange und einen Zangenschlüssel. Sobald Sie in Ihren Braukessel oder Gäreimer auch Löcher bohren wollen, empfiehlt sich zudem ein Stufenbohrer. Ein metrischer Stufenbohrer sollte eine Stufe mit 17 mm haben, da dies ideal für einen ⅜-Zoll-Anschluss ist.

NOCH EIN PAAR TIPPS, BEVOR ES LOSGEHT

- Lesen Sie die Brauanleitung erst einmal vollständig durch, bevor Sie mit dem Brauen beginnen. Gerade bei den etwas schwierigeren Braumethoden lohnt es sich, sich etwas mehr Vorbereitungszeit zu nehmen.

- Ersetzen Sie die Flüssighefe durch Trockenhefe, wann immer Sie mögen. Dadurch sparen Sie Zeit und Aufwand und erlangen schneller gute Ergebnisse!

- Kochen Sie immer alles Geschirr ab, das verwendet wird. Am besten machen Sie das auch schon bei den Vorgängen vor der Hopfengabe, auch wenn hier durch das Würzekochen noch weniger Bedarf besteht. So gewöhnen Sie es sich aber gleich an und vermeiden später böse Überraschungen!

- Führen Sie eine Messtabelle und arbeiten Sie so genau wie möglich! So erzielen Sie schneller positive Ergebnisse.

- Verlieren Sie nicht den Mut, wenn mal ein Rezept nicht klappt – nicht umsonst genießen Bierbrauereien einen hohen Stellenwert in unserer Gesellschaft. Bierbrauen erfordert Geduld, sowohl mit der Gärung als auch mit sich selbst.

Haben Sie Spaß und bleiben Sie kreativ beim Ausprobieren der Rezepte

Weißbier/Weizenbier

WEIZEN HELL

20 Liter

4 Wo.

Leicht

Zutaten

2,5 kg Weizenmalz, hell
2 kg Pilsner Malz
14 l Wasser (Hauptguss)
10 l Wasser (Nachguss)
100 g Hopfen, Sorte Perle
11,5 g Hefe, WB-06 (Fermentis)

Nährwerte p. P.

215 kcal
8 g Kohlenhydrate,
0 g Fett
2 g Eiweiß

Stammwürze: 12,5 °P, Hopfung: 16 IBU, Bierfarbe: 9 EBC

1 Füllen Sie 14 Liter Leitungswasser in den Braukessel und erhitzen Sie ihn auf 70 °C. Halten Sie die Temperatur und geben Sie das geschrotete Malz hinzu. Gut durchrühren, damit keine Klumpen übrig bleiben. Lassen Sie die Temperatur für die erste Rast auf 67 °C fallen. 90 Minuten lang halten und regelmäßig rühren.

2 Maische wieder auf 76 °C erhitzen und weiter durchrühren. Den Läuterbottich bereithalten. Achten Sie darauf, dass die Temperatur nicht über 76 °C steigt, da sonst wichtige Enzyme zerfallen.

3 Transferieren Sie die Maische vom Braukessel in den Läuterbottich. 20 Minuten im Läuterbottich ohne Zugabe von Wärme ruhen lassen. Unterdessen den Nachguss (10 l) auf 76 °C erwärmen und den Braukessel reinigen.

4 Lassen Sie die Würze aus dem Läuterbottich in den Braukessel fließen. Die Nachgüsse mit 76 bis 78 °C warmem Wasser auf den Treber geben. So lange nachgießen, bis der Braukessel gefüllt ist.

5 Erhöhen Sie die Temperatur des Braukessels und erwärmen Sie die Würze. Nehmen Sie die erste Messung an etwas abgekühlter Würze mit der Bierspindel vor. Idealerweise sollte der Wert zwischen 10 und 12 °P liegen. Notieren Sie den Wert in der Messtabelle und geben Sie die Würze wieder in den Einkocher. Warten Sie, bis das Wasser sprudelnd kocht.

6 Geben Sie 70 g Hopfen hinzu, sobald die Würze kocht. Kochen Sie die Würze unter Aufsicht für 90 Minuten und geben Sie die übrigen 30 g Hopfen am Ende hinzu. Weitere 10 Minuten kochen lassen, dann 20 Minuten ohne weitere Hitzezufuhr ruhen lassen. Läuterbottich reinigen und Gäreimer bereitstellen.

7 Messen Sie nochmals mit der Bierspindel den Gehalt Ihrer Würze. Er sollte bei zimmertemperierter Würze zwischen 12 und 14 °P liegen. Geben Sie die entnommene Würze nicht in den Braukessel zurück. Positionieren Sie ein Sieb mit Küchentuch über dem Gäreimer und füllen Sie die Würze langsam in den Gäreimer ab. Stellen Sie den Gäreimer an einen dunklen Ort und kühlen Sie ihn auf 19 bis 21 °C. Die Hefe aus dem Kühlschrank nehmen und aufwärmen lassen.

8 Mit einem sauberen Thermometer die Temperatur der Würze messen. Liegt sie zwischen 18 und 20 °C, wird die Hefe gleichmäßig über die Würze verteilt, möglichst ohne Klümpchen entstehen zu lassen. 30 Minuten rehydrieren lassen.

9 Nehmen Sie eine sterilisierte Küchenkelle und ziehen Sie die Flüssigkeit nach oben, sodass Kontakt mit Luft entsteht. Vorgang mehrmals wiederholen, dann den Gäreimer mit einem Deckel verschließen und Gärröhrchen darauf positionieren.

10 Hefe gären lassen und maximal alle 24 Std. die Gärung kontrollieren. Nehmen Sie die erste Messung frühestens am 5. Tag nach Gärstart vor. Die erste Messung sollte zwischen 2 und 6 °P liegen.

11 Messen Sie alle 3 bis 5 Tage die Gärung. Sobald der Wert sich nicht mehr verändert und konstant bleibt, ist die Gärung abgeschlossen.

12 Bier mit Traubenzucker in sterile Flaschen abfüllen und an einen dunklen Ort stellen. Für die Nachgärung Bier für 10 Tage bei etwa 18 bis 21 °C ruhen lassen. Nach abgeschlossener Nachgärung das Bier aufrecht stehend für etwa 2 Wochen im Kühlschrank bei 2 bis 3 °C reifen lassen.

Tipp: Das Bier kann schon direkt nach der Nachgärung zum ersten Mal getrunken werden, die Reifung sorgt aber für ein besseres Geschmackserlebnis.

WEIZEN DUNKEL

28 Liter

8 Wo.

Leicht

Stammwürze: 11,9 °P, Hopfung: 16 IBU, Bierfarbe: 9 EBC

Zutaten

1,25 kg Weizenmalz, hell
1,25 kg Weizenmalz, dunkel
1,25 kg Pilsner Malz
1,25 kg Caramalz, hell
16 l Wasser (Hauptguss)
13 l Wasser (Nachguss)
5 l Wasser (vorgelegt im Läuterbottich)
9 g Hopfen, Sorte Magnum (BH, 15 %)
8 g Hopfen, Sorte Perle (AH, 10 %)
11,5 g Hefe, Sorte WB-06 (Fermentis)

Nährwerte p. P.

239 kcal
15 g Kohlenhydrate
0 g Fett
3 g Eiweiß

1 16 l Leitungswasser in den Braukessel geben und auf 45 °C erhitzen. Malz hinzugeben und kräftig durchrühren.

2 Temperatur für die Eiweißrast auf 55 °C erhöhen und 15 Minuten unter gleichmäßigem Rühren rasten lassen. Erhöhen Sie die Temperatur danach auf 63 °C für die Maltoserast. 30 Minuten lang rasten lassen und rühren.

3 Erhitzen Sie den Braukessel auf mindestens 72 °C und erhöhen Sie die Temperatur leicht bis maximal 80 °C. Die Verzuckerung sollte in etwa 25 Minuten dauern, jedenfalls, bis die Jod-Probe jodnormal ausfällt.

4 Abmaischen auf 78 °C und die Maische in den Läuterbottich geben. 20 Minuten Läuterruhe einhalten und nicht weiter erwärmen. 18 l Wasser auf 78 °C für den Nachguss und die Vorlage erhitzen.

5 Legen Sie etwa 5 l Wasser im Läuterbottich vor, bevor Sie die Maische in einem Messbecher vorlaufen lassen. Aufgefangene Flüssigkeit vorsichtig zurückgeben und mit dem Läutern beginnen.

6 13 l Nachguss-Wasser sorgsam auf den Treber geben, bis der Läuterbottich gefüllt ist. 10 Minuten ruhen lassen, dann nochmals läutern, bis die Würze vollständig im Braukessel ist.

7 Die Würze zum Kochen bringen. Nach 5-10 Minuten den Bitterhopfen in das Wasser geben. Etwa 60 Minuten kochen lassen, dann den Aromahopfen hinzugeben und weitere 5 Minuten kochen. Reinigen Sie unterdessen den Läuterbottich und bereiten Sie den Gäreimer sowie das sterile Werkzeug vor.

8 Die Würze langsam in den Gäreimer sieben und auf 15-20 °C abkühlen. Würze über Nacht abkühlen lassen und Hefe bei selbiger Temperatur aufwärmen lassen.

9 Geben Sie die Hefe hinzu, sobald die Würze auf 15 bis 20 °C runtergekühlt ist. Sorgsam über der Würze verteilen und etwa 30 Minuten rehydrieren lassen. Mit einer sterilen Küchenkelle Flüssigkeit nach oben ziehen und den Gäreimer dann verschließen.

10 Lassen Sie die Hefe 3-5 Tage gären und kontrollieren Sie die Gärung frühestens nach 24 Stunden. Führen Sie eine Messung mithilfe der Bierspindel durch und beenden Sie die Gärung, sobald der Wert konstant ist und sich nicht mehr verändert.

11 Mindestens vier Wochen zwischen 3 und 5 °C kühl und aufrecht stehend lagern.

BAYRISCHES WEISSBIER

20 l.

7 Wo.

Mittel

Stammwürze: 12,2 °P, Hopfung: 13 IBU, Bierfarbe: 19 EBC

Zutaten

3,1 kg Weizenmalz
2,2 kg Pilsner Malz
50 g geröstete Gerste
13 l Wasser (Hauptguss)
13 l Wasser (Nachguss)
11,5 g Hefe, WB-06 (Fermentis)
30 g Hopfen (Pellets), Sorte Tettnanger

Nährwerte p. P.

220 kcal
8 g Kohlenhydrate
0 g Fett
2 g Eiweiß

1 Erhitzen Sie 13 l Wasser im Braukessel auf 45 °C und maischen Sie dabei das Malz und die geröstete Gerste ein. Bei dieser Temperatur 15 Minuten ruhen lassen.

2 Maische auf 55 °C erwärmen und danach für 10 Minuten bei 55 °C rasten. Langsam, innerhalb von ca. 10 Minuten, die Temperatur von 55 °C auf 63 °C erhöhen und dann 30 Minuten ruhen lassen.

3 Nach der vorangegangenen Rast wieder erhitzen, diesmal auf 72 °C und für 20 Minuten ruhen lassen. Danach Temperatur 7 Minuten lang stetig steigen lassen, bis 78 °C erreicht sind. 10 Minuten rasten, dann abmaischen.

4 Maische vom Braukessel in den Läuterbottich transferieren und 20 Minuten Läuterruhe geben. Unterdessen den Braukessel reinigen und den Nachguss (13 l) auf 76 °C erhitzen. Würze läutern und den Nachguss vorsichtig auf den Treber geben, sobald nur noch eine kleine Schicht Wasser übrig ist. Läutern und den Läuterbottich danach zur Reinigung geben.

5 Den Hopfen direkt beim Kochstart der Würze hinzugeben und 60 Minuten lang schäumend kochen lassen. Nach dem Kochen 20 Minuten lang im Whirlpool lassen. Die ausgekühlte Würze in den Gäreimer geben und über Nacht auf 20 °C runterkühlen lassen. Die Hefe am selben Ort lagern.

6 Die Hefe in den Gäreimer geben und 30 Minuten rehydrieren lassen. Nach oben ziehen und den Gäreimer verschlossen bei 19-21 °C an einen dunklen Ort stellen.

7 Lassen Sie die Hefe gären und nehmen Sie frühestens am 3. Tag die erste Messung vor. Die Fermentierung des Weißbiers sollte etwa 2 Wochen in Anspruch nehmen. Sobald der Stammwürzegehalt sich über mehrere Tage nicht mehr ändert, ist das Bier fertig gegärt.

8 Das Bier in Flaschen abfüllen. Benutzen Sie dabei 8,6 g Zucker pro Liter Jungbiere. Für zwei Wochen nachgären lassen.

9 Lassen Sie das Bier für etwa 10 Tage bei 3-5 °C im Kühlschrank aufrecht stehend nachreifen, ehe Sie es verzehren.

BERLINER WEISSE

35 l.

8 Wo.

Schwer

Stammwürze: 7,7 °P, Hopfung: 7 IBU, Bierfarbe: ca. 6 EBC

Zutaten

3,3 kg Pilsner Malz
1,4 kg Weizenmalz, hell
20 l Wasser (Hauptguss)
20 l Wasser (Nachguss)
20 g Hopfen (Dolden), Sorte Hallertauer Bitter
11,5 g Hefe, Safale US-05 (Fermentis)
11,5 g Hefe, Brettanomyces aus Bodensatz

Für den Milchsäurestarter:
50 g Malz
0,5 l Wasser
2-3 TL Malzextrakt

Nährwerte p. P.

130 kcal
8 g Kohlenhydrate
0 g Fett
2 g Eiweiß

1 Den Milchsäurestarter mindestens 2, am besten 3 Tage vor dem Brauen ansetzen. Geben Sie dazu etwa 50 g Malz in ein Behältnis, das Wärme behalten kann (z. B. eine Thermoskanne), und fügen Sie 0,5 l Wasser (45 °C) hinzu. Kanne verschließen.

2 Geben Sie am nächsten und am darauffolgenden Tag jeweils einen Teelöffel Malzextrakt oder Zucker hinzu, sodass der Starter am Brautag trübe ist. Darüber hinaus sollte er fruchtig, ein bisschen säuerlich riechen und sauer schmecken. Bevor Sie den Milchsäurestarter beim Würzekochen hinzugeben, mithilfe eines Siebes filtern.

3 Geben Sie 20 Liter Wasser in den Braukessel und erhitzen Sie das Wasser auf 59 °C. Pilsner Malz und Weizenmalz hinzugeben und auf 55 °C einmaischen. 5,4 Liter Dickmaische in einen separaten Topf geben. Halten Sie die Temperatur der Maische im Braukessel für eine 30-minütige Rast.

4 Für die erste Dekoktion die Dickmaische aufkochen lassen. Hopfen hinzugeben und 30 Minuten kochen lassen.

5 Die Dickmaische zurückgeben. Die Temperatur wird dadurch auf 63 °C erhitzt. 8,9 Liter Dickmaische entfernen und separat rasten lassen. Hauptmaische 45 Minuten rasten lassen.

6 Für die zweite Dekoktion die Dickmaische aufkochen und zum Rest der Maische geben. Die Maische sollte insgesamt auf 75 °C erwärmt werden und nochmals 20 Minuten lang rasten. Jodgehalt prüfen und erst abmaischen, wenn jodnormal erreicht ist. In den Läuterbottich transferieren.

7 Für 20 Minuten in der Läuterruhe lassen. Braukessel reinigen und Brauzubehör bereitstellen. Mithilfe eines Auffangbehältnisses ein wenig Maische aus dem Läuterbottich ablaufen lassen, bis sie klarer wird. Zurückgeben, dann Hopfen entfernen und Maische läutern. Nachguss auf 75 °C erhitzen und nochmals läutern.

8 Würze aufkochen, dann auf 45 °C abkühlen. Messen Sie die Stammwürze mithilfe einer Bierspindel. Sie sollte bei ca. 8 °P liegen. Milchsäurestarter filtern und hinzugeben. Transferieren Sie die Würze in den Gäreimer und lassen Sie sie zugedeckt 1-2 age gären. Die Stammwürze fällt in dieser Zeit auf ca. 7 °P.

9 Sobald die Säuerung vollzogen ist, Würze wieder in den Braukessel geben und kurz aufkochen lassen. Da der Hopfen schon bei der Dekoktion mitgekocht wurde, ist ein Hopfenabseihen nicht nötig.

10 Für die Gärung in den Gäreimer transferieren. Abkühlen lassen, auch über Nacht. Bei 19,5 °C die Fermentis Safale US-05 hinzugeben und 24 Stunden gären lassen, bevor Sie die erste Probe entnehmen.

11 Nach 3-5 Tagen ist die Hefegärung abgeschlossen.

12 Das Bier kann nun in Flaschen abgefüllt werden und für die Nachgärung an einen ruhigen Ort gestellt werden. Zuvor noch die Brettanomyces Hefe mit etwas Wasser anreichern.

13 Mithilfe einer Spritze pro Flasche etwa 5 ml Brettanomyces hinzugeben und für die Nachgärung mindestens 10 Tage bei 20 °C lagern.

Zubereitungstipp: Brettanomyces-Hefe ist ein Hefepilz, der sehr schwer wegzukriegen ist und Bier infizieren kann. Deswegen wird die Hefe erst zur Nachgärung hinzugegeben. Vermeiden Sie, dass Ihr übliches Geschirr mit der Brettanomyces in Kon-takt kommt, und benutzen Sie nicht dieselben Flaschen für anderes Bier, das nicht mit Brett gebraut wird!

GRÄTZER

40 l.

4 Wo.

Leicht

Stammwürze: 9 °P, Hopfung: 22 IBU, Bierfarbe: 10 EBC

Zutaten

21 l Wasser (Hauptguss)
24 l Wasser (Nachguss)
6 kg Weizenmalz, geräuchert
40 g Hefe, Safbrew S-33 (Fermentis)
160 g Hopfen, Sorte Lubelski

Nährwerte p. P.

198 kcal
18 g Kohlenhydrate
0 g Fett
2 g Eiweiß

1 21 l Wasser im Braukessel auf 40 °C erhitzen. Weizenmalz hinzufügen und einmaischen. Für 20 Minuten auf 40 °C rasten.

2 Maische auf 52 °C erhitzen, dabei gut umrühren. Für weitere 20 Minuten rasten lassen, dann auf 70 °C erwärmen und 50 Minuten rasten lassen.

3 Bei 78 °C abmaischen. Transferieren Sie die Würze in den Läuterbottich und nehmen Sie eine Läuterruhe von 20 Minuten vor. Währenddessen kann der Braukessel gereinigt werden. Lassen Sie danach einen Vorlauf ab, bis das Bier klar wird. Vorlauf zurückgeben und läutern. Unterdessen den Nachguss auf 78 °C erhitzen.

4 Nachguss in den Läuterbottich geben und noch einmal 10 Minuten in Läuterruhe lassen. Den Nachguss läutern und den Läuterbottich zur Reinigung bereitstellen.

5 Die Würze 10 Minuten aufkochen lassen, bevor die erste Hopfengabe erfolgt. Geben Sie 54 g Hopfen hinzu und kochen Sie die Würze weitere 50 Minuten vor der zweiten Hopfengabe (36 g). 10 Minuten kochen, dann langsam runterkühlen und rühren, damit ein Whirlpool entsteht. Bei etwa 80 °C den restlichen Hopfen (70 g) hinzufügen.

6 Seihen Sie den Hopfen mithilfe von Sieb und Küchentuch über den Gäreimer ab. Gäreimer an einen dunklen Ort stellen und über Nacht auf 17-18 °C runterkühlen lassen. Hefe auf dieselbe Temperatur aufwärmen lassen.

7 Hefe gleichmäßig über die Würze verteilen und 30 Minuten rehydrieren lassen. Flüssigkeit mehrmals nach oben ziehen, dann Gäreimer verschließen.

8 Lassen Sie die Hefe gären und entnehmen Sie eine Probe mithilfe der Bierspindel. Nach 5 Tagen die erste Messung vornehmen. Sobald die Stammwürze sich nicht mehr verändert, kann das Bier zur Nachgärung in Flaschen gefüllt werden.

9 Füllen Sie das Jungbier mithilfe von 320 g Traubenzucker und 320 ml kochendem Wasser ab und lassen Sie das Bier bei 18 °C mindestens 10 Tage nachgären. Für zwei Wochen aufrecht stehend bei ca. 2-3 °C nachreifen lassen.

HEFEWEIZEN

50 l.

6 Wo.

Mittel

Stammwürze: 12.7°P Hopfung: 18 IBU, Farbe: 18 EBC

Zutaten

35 l Wasser (Hauptguss)
25 l Wasser (Nachguss)
4 kg Weizenmalz, hell
670 g Weizenmalz, dunkel
2,2 kg Pilsner Malz
2,2 kg Wiener Malz
670 g Haferflocken
100 g Hopfen, Sorte Saphir
19 g Hopfen, Sorte Citra
40 g Hefe, Weihenstephan W68

Nährwerte p. P.

205 kcal
16 g Kohlenhydrate
0 g Fett
3 g Eiweiß

1 Bei 57 °C das Malz und die Haferflocken einmaischen. Auf 55 °C für 15 Minuten rasten lassen, dann auf 62 °C erhöhen. Die zweite Rast für etwa 50 Minuten halten und die Temperatur dabei nicht erhöhen.

2 Die Maische auf 72 °C erhitzen und eine 20-minütige Rast einhalten. Auf 78 °C erhöhen und abmaischen.

3 Das Brauwasser in den Läuterbottich transferieren und 20 Minuten ruhen lassen. Unterdessen den Nachguss auf 78 °C erhitzen und den Braukessel reinigen. In einem kurzen Vorlauf Maische ablassen, bis sie klar wird, und zurück in den Läuterbottich geben. Mit dem Läutern beginnen.

4 25 l Nachguss vorsichtig auf den Treber geben und dabei nicht zu viel Treber aufwühlen lassen. 10 Minuten ruhen lassen, dann läutern und zurück in den Braukessel transferieren.

5 Die Würze für 90 Minuten sprudelnd aufkochen lassen. Direkt bei Kochstart 50 g Saphir-Hopfen hinzugeben. Die zweite Hopfengabe von 27 g Saphir-Hopfen etwa 15 Minuten vor Brauschluss mitkochen. Nach dem Kochen die restlichen 23 g Saphir-Hopfen und 19 g Citra-Hopfen bei ca. 80 °C in den Whirlpool geben.

6 Den Hopfen über dem Gäreimer mithilfe eines Küchentuchs sieben und so die gesamte Würze in den Gäreimer transferieren. Den Gäreimer an einen dunklen Ort stellen und über Nacht auf 20 °C runterkühlen lassen. Die Hefe aus dem Kühlschrank nehmen und ein bisschen aufwärmen lassen.

7 Die Hefe zur Würze geben. Den Deckel des Gäreimers verschließen und die Hefe gären lassen.

8 Die erste Messung am 5. Tag nach Gärstart vornehmen. Bei erfolgreicher Gärung sollte sich die Stammwürze bei 12,7 °P über mehrere Tage hinweg nicht mehr verändern.

9 Hefe abschöpfen und das Bier in Flaschen abfüllen. Für weitere zwei Wochen nachgären lassen, ehe die Flaschen bei 2-3 °C im Kühlschrank für weitere 2 Wochen nachreifen.

HERRMANN-WEISSE

25 l.

6 Wo.

Mittel

Stammwürze: 13 °P, Hopfung: 14 IBU, Bierfarbe: 10 EBC, Alkohol: 5 %

Zutaten

2,5 kg Weizenmalz
2 kg Pilsner Malz
0,5 kg Münchner Malz
0,2 kg Caramalz, hell
16 l Wasser (Hauptguss)
17 l Wasser (Nachguss)
40 g Hopfen: Tettnanger
1 Pkg Flüssig-Hefe, WYEAST Weihenstephan Weizen #3068 (Alternativ Trockenhefe: Mauribrew Weiss, 12,5 g)

Nährwerte p. P.

203 kcal
56 g Kohlenhydrate
0 g Fett
3 g Eiweiß

1 Etwa 3 Tage vorher einen Hefestarter für die Flüssighefe ansetzen. Am Brautag den Braukessel mit 16 l Wasser füllen und Malz auf 43 °C einmaischen. 20 Minuten rasten, dann auf 63 °C erhöhen. 30 Minuten rasten.

2 Erhöhen Sie die Braukesseltemperatur auf 72 °C, 30 Minuten rasten. Temperatur auf 43 °C abkühlen lassen und auf dieser Temperatur nochmals 20 Minuten rasten.

3 Erhöhen Sie die Temperatur auf 62 °C und lassen Sie die Maische 30 Minuten rasten. Auf 72 °C verzuckern und 30 Minuten rasten lassen. Maischen Sie erst ab, sobald die Jodprobe jodnormal ausfällt.

4 Die Maische in den Läuterbottich transferieren und 20 Minuten Läuterruhe einhalten. Unterdessen den Nachguss auf 76 °C erhitzen. Würze vorweg einmal ablaufen lassen, sobald sie klar ist, mit dem Läutern beginnen. Den Nachguss ebenfalls 20 Minuten nach Zugabe ruhen lassen, ehe geläutert wird.

5 Die Würze für 70 Minuten kochen lassen. Nach 10 Minuten Kochzeit 20 g Hopfen hinzugeben und mitkochen lassen. Im Anschluss der Kochzeit 20 g Hopfen zum Würzebruch hinzugeben.

6 Den Hopfen mittels Küchentuch und Sieb in den Gärtank abseihen und über Nacht auf 20 °C runterkühlen. Die Hefe aus dem Kühlschrank nehmen und aufwärmen lassen.

7 Am nächsten Tag die Hefe auf dem Gärtank verteilen. Mit einer Küchenkelle aufziehen, sodass sie gut vermengt ist. Gäreimer verschließen und bei 20 °C 3-5 Tage gären lassen.

8 Das Jungbier in Flaschen abfüllen und an einem dunklen Ort für etwa 2 Wochen nachgären lassen. Die Temperatur sollte zwischen 18 und 21 °C betragen. Danach Bier aufrecht stehend im Kühlschrank weitere 2 Wochen nachreifen lassen.

Zubereitungstipp: Mit etwas weniger Hopfen (30 statt 40 g) bekommt das Bier einen fruchtigeren und etwas weniger bitteren Geschmack.

HONIGWEIZEN

21 l.

6 Wo.

Leicht

Stammwürze: 15,5 °P, Hopfung: 20 IBU, Farbe: 18 EBC

Zutaten

14 l Wasser (Hauptguss)
12 l Wasser (Nachguss)
2,3 kg Weizenmalz
2,2 kg Pilsner Malz
11,5 g Hefe, Gozdawa „Fruit Blanche"
32 g Hopfen, Sorte Hallertauer Perle
400 g Waldhonig

Nährwerte p. P.

220 kcal
12 g Kohlenhydrate
0 g Fett
0 g Eiweiß

1 14 l Brauwasser auf 50 °C erhitzen. Geben Sie das Weizenmalz und das Pilsner Malz hinzu und erhöhen Sie die Temperatur unter Rühren auf 53 °C. Die Maische für ca. 10 Minuten rasten lassen.

2 Temperatur auf 63 °C erhöhen und für eine Maltoserast etwa 40 Minuten rasten lassen. Danach langsam auf 72 °C erhöhen und 50 Minuten Rast geben. Unterdessen Läuterbottich bereitstellen.

3 Bei 78 °C abmaischen und in den Läuterbottich umfüllen. Lassen Sie die Maische 30 Minuten lang ruhen und erhitzen Sie 12 l Wasser für den Nachguss auf 78 °C.

4 Öffnen Sie den Hahn und lassen Sie Würze ab, bis sie klar wird. Die gewonnene Würze wieder in den Läuterbottich hinzugeben, möglichst ohne Treber aufzuwühlen. Dann abläutern und den Nachguss vorsichtig auf den Treber gießen und läutern.

5 Die Würze im Braukessel gemeinsam mit 26 g Hopfen aufkochen und für 100 Minuten sprudelnd kochen lassen. Nach 80 Minuten die restlichen 6 g Hopfen hinzugeben und 20 Minuten mitkochen.

6 Gäreimer bereitstellen und die Würze langsam vom Braukessel in den Gäreimer transferieren. Lassen Sie die Würze auf ca. 20 °C runterkühlen. Die Hefe in dieser Zeit aufwärmen lassen.

7 Am nächsten Tag die Hefe zur Würze geben. Den Gäreimer verschließen und Gärung bei 19-21 °C beginnen.

8 Führen Sie nach 5 Tagen die erste Messung durch. Wenn der Stammwürzegehalt gleich bleibt, ist die Hauptgärung abgeschlossen. Sobald die Hauptgärung vollzogen ist, 400 g Honig in den Gäreimer geben. Der Honig löst eine zweite Gärung aus, die bei derselben Temperatur wie die erste erfolgt. Verschließen Sie den Gäreimer und lassen Sie das Jungbier für weitere 3 Tage gären, bis Sie die nächste Messung durchführen.

9 Sobald die Zweitgärung abgeschlossen ist, können Sie das Bier in Flaschen umfüllen und so für die Nachgärung bereitmachen. Dazu wie gewohnt eine Traubenzuckermischung ansetzen und für die Flaschen bereitstellen. Abfüllen und 10 Tage bei 20 °C nachgären lassen, dann in den Kühlschrank geben und aufrecht stehend für zwei Wochen reifen lassen.

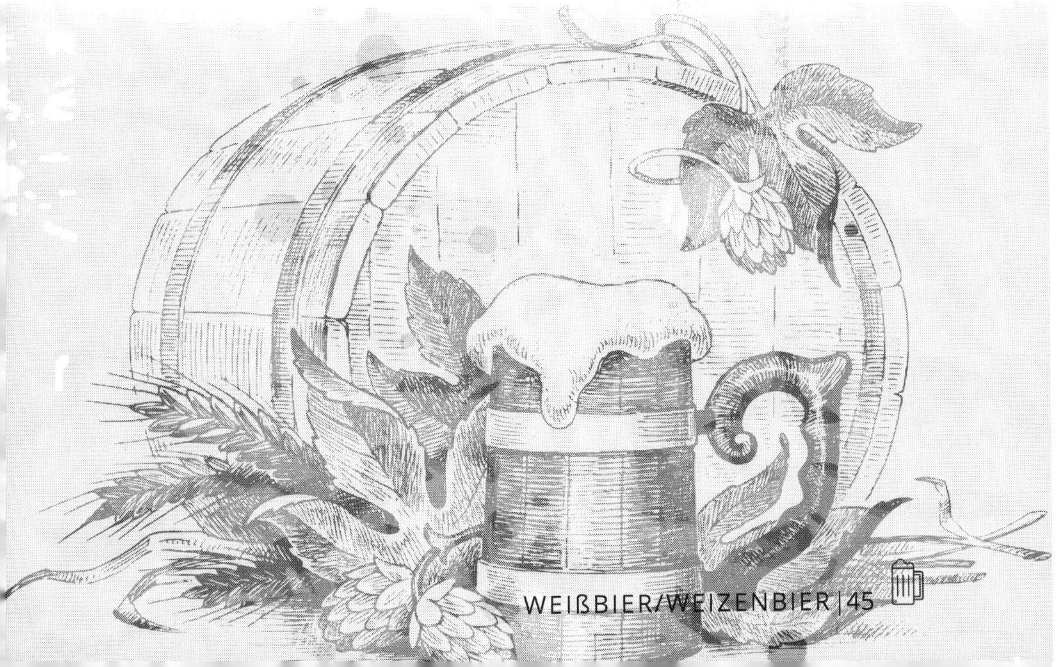

LAMBIC

20 l.

6 Mo.

Schwer

Stammwürze: 12,75 °P, Hopfung: 12 IBU, Bierfarbe: 5 EBC

Zutaten

2,58 kg Pilsner Malz
1,60 kg Weizenrohfruchtmalz
19 g Hopfen, Sorte Mittelfrüh
11,5 g Hefe, Safale US-05 (Fermentis)
11,5 g Hefe, Wyeast 3278 (Lambic Blend)
50 g Malzextraktpulver
500 ml Wasser (Hefestarter)
16 l Wasser (Hauptguss)
16 l Wasser (Nachguss)

Nährwerte p. P.

205 kcal
16 g Kohlenhydrate
0 g Fett
3 g Eiweiß

1 Den Hefestarter 2-3 Tage vor dem Brauen ansetzen. Dazu 50 g Malzextraktpulver in 500 ml Wasser zerrinnen lassen und für ca. 5-6 Minuten aufkochen. In ein steriles Behältnis gießen und mit einem Tuch dicht abdecken. Auf 20-25 °C runterkühlen lassen.

2 Hefe hinzugeben und darauf achten, dass dabei gut gelüftet wird, z. B., indem sie stark geschüttelt wird. Abdecken und bei einer Temperatur von 21-26 °C vermehren lassen.

3 16 l Wasser mit den Malzsorten bei 52 °C einmaischen. 20 Minuten bei selbiger Temperatur rasten. Erhitzen Sie die Maische auf 62 °C und halten Sie die Temperatur für eine 40-minütige Beta-Amylase-Rast.

4 Maische auf 72 °C erhitzen und nochmals 40 Minuten rasten lassen. Danach auf 76 °C abmaischen und in den Läuterbottich umfüllen.

5 Während der 20-minütigen Läuterruhe den Nachguss auf 76 °C erhitzen und den Braukessel reinigen. Läutern Sie die Würze in den gereinigten Braukessel und geben Sie den Nachguss vorsichtig auf den Treber. Ebenfalls läutern und Läuterbottich beiseitestellen.

6 Die Würze 90 Minuten lang schäumend aufkochen. Geben Sie den Hopfen nach 30 Minuten hinzu und kochen Sie ihn bis zum Ende mit.

7 Hopfen abseihen und Würze in den Gäreimer transferieren. Auf 20 °C abkühlen lassen, ehe der Hefestarter in die Würze gegeben wird. Bei zugedecktem Deckel die Gärung beginnen und nach 3-5 Tagen das erste Mal messen. Die Hauptgärung dauert beim Lambic ungefähr 2 Wochen und ist vollzogen, sobald die Stammwürze sich in ihrem Gehalt nicht mehr verändert.

8 Nach der Hauptgärung schlauchen. Lambic wird klassischerweise sehr lange in Eichenfässern nachgegärt, die Nachgärung sollte aber mindestens zwei Monate lang erfolgen. Nach abgeschlossener Nachgärung für einen Monat im Kühlschrank bei 3 °C nachreifen lassen.

WITBIER BLANCHE

20 l.

6 Wo.

Leicht

Stammwürze: 11 °P, Hopfung: 26 IBU, Bierfarbe: ca. 8 EBC

Zutaten

2,5 kg Pale Ale Malz
1 kg Weizenmalz, hell
500 g geschrotete Weizen-Rohfrucht
100 g Haferflocken, kernig
100 g Hopfen, Sorte Tettnanger
11,5 g Hefe, Mangrove Jack's M21
20 l Wasser (Hauptguss)
16 l Wasser (Nachguss)
10 g Koriander
20 g Orangenschale

Nährwerte p. P.

206 kcal
14 g Kohlenhydrate
0 g Fett
2 g Eiweiß

1 Geben Sie 20 Liter Wasser in Ihren Braukessel und erhitzen Sie das Wasser auf 70 °C. Temperatur halten und geschrotetes Malz, Weizen-Rohfrucht und Haferflocken hineingeben. Maische kräftig rühren, damit die Substanz nicht verklumpt.

2 Für die Rast die Temperatur auf 67 °C drosseln. 90 Minuten halten und gleichmäßig rühren. Danach auf 76 °C aufheizen und den Läuterbottich bereitstellen. Bei 76 °C abmaischen und in den Läuterbottich transferieren.

3 20 Minuten Läuterruhe ohne Zufuhr von Wärme halten. 16 l Nachguss auf 76 °C erhitzen und Braukessel reinigen. Nach 10 Minuten den Nachguss vorsichtig auf den Treber geben und nochmals läutern.

4 Die Würze schaumig kochen und nach 10 Minuten 70 g Hopfen hinzugeben. Weitere 70 Minuten kochen. Unterdessen den Koriander zerstoßen und den Gäreimer bereitstellen. Die zweite Hopfengabe von 30 g erfolgt nach 70 Minuten. Nach 5 Minuten auch die Orangenschale und den zerstoßenen Koriander hinzugeben.

5 Weitere 10 Minuten kochen lassen, dann 20 Minuten ohne weitere Hitzezufuhr mit Whirlpool ruhen lassen. Läuterbottich reinigen und Gäreimer bereitstellen.

6 Beginnen Sie mit dem Hopfenabseihen, indem Sie die Würze über einem Sieb in den Gäreimer filtern. Geben Sie die Würze an einen dunklen Ort, um sie auf 19-21 °C abzukühlen. Unterdessen die Hefe aus dem Kühlschrank nehmen und über Nacht aufwärmen lassen.

7 Die Hefe bei 18-20 °C zur Würze geben. Verschließen Sie den Gäreimer und stellen Sie ihn an einen dunklen Ort, um die Gärung zu beginnen.

8 Lassen Sie die Hefe gären und kontrollieren Sie frühestens 24 tunden nach Gärstart die Gärung. Am 3. Tag die erste Messung durchführen. Witbier braucht meistens nur 3-4 Tage zum Gären und sollte daher schon relativ früh kontrolliert werden.

9 Bier für die Nachgärung in Flaschen abfüllen. Die Flaschen an einem dunklen Ort bei 15-20 °C 10 Tage lagern. Dann in den Kühlschrank transferieren und aufrecht stehend 4 Wochen bei 3-5 °C nachreifen lassen.

Zubereitungstipp: Durch die Weizenrohfrucht und die Haferflocken kann das Läutern etwas erschwert werden. Seien Sie also geduldig und nehmen Sie sich etwas mehr Zeit für diesen Schritt.

RAUCHWEIZEN

30 l.

6 Wo.

Leicht

Stammwürze: 11,7 °P, Hopfung: 15 IBU, Bierfarbe: 7 EBC

Zutaten

3 kg Weizenmalz, hell
3 kg Rauchmalz
18 l Wasser (Hauptguss)
18,8 l Wasser (Nachguss)
10 g Hopfen (Dolden), Sorte Perle
20 g Hopfen (Pellets), Sorte Perle
23 g Hefe, Danstar Munich Wheat

Nährwerte p. P.

200 kcal
16 g Kohlenhydrate
0 g Fett
2 g Eiweiß

1 Füllen Sie den Braukessel mit 18 l Wasser und erhöhen Sie die Temperatur auf 51 °C. Malz hinzugeben und einmaischen. 10 Minuten bei gleichbleibender Temperatur rasten lassen.

2 Die Temperatur langsam auf 63 °C erhöhen. 30 Minuten rasten, dann noch einmal auf 72 °C erhöhen. 30 Minuten Rast einhalten.

3 Zum Abmaischen die Temperatur auf 78 °C erhöhen und eine Jodprobe entnehmen. Die Maische ist erst dann bereit zum Läutern, wenn die Probe jodnormal ausfällt.

4 Lassen Sie den Inhalt des Braukessels in den Läuterbottich ab und halten Sie eine Läuterruhe von 20 Minuten ein. In der Zwischenzeit den Braukessel reinigen und den Nachguss auf 76 °C erhitzen.

5 Lassen Sie einen kurzen Vorlauf ab, ehe Sie mit dem Läutern beginnen. Den Vorlauf einfach wieder zurück in den Läuterbottich geben. Nach dem Läutern den Nachguss vorsichtig auf den Treber geben und nochmals läutern.

6 Die Würze im Braukessel für 70 Minuten kochen. Die erste Hopfengabe, 10 g Dolden, bei Kochstart durchführen. Geben Sie nach 40 Minuten 10 g Pellets in die kochende Würze und die letzten 10 g Pellets 5 Minuten vor Brauschluss. 20 Minuten im Whirlpool ohne Zugabe von Wärme ruhen.

7 Ein Sieb mit sterilem Küchentuch über den Gäreimer positionieren und die Würze so filtern. Den Gäreimer an einen dunklen Ort stellen und auf 19-21 °C kühlen lassen. Die Hefe kann aus dem Kühlschrank genommen werden und sollte in etwa dieselbe Temperatur wie der Gäreimer bekommen.

8 Die Hefe zur Würze geben und gären lassen. Die erste Messung am 3. Tag vornehmen, um zu kontrollieren, wie weit die Gärung vorangeschritten ist. Sobald die Stammwürze nicht mehr steigt oder sinkt, ist die Gärung vollzogen und das Bier kann abgefüllt werden.

9 Das Bier für die Nachgärung mit Zucker abfüllen. Für 2-3 Wochen nachgären lassen, dann aufrecht stehend im Kühlschrank weitere 2 Wochen reifen lassen.

SCHWARZWEIZEN

22 l.

6 Wo.

Mittel

Stammwürze: 16 °P, Hopfung: 22 IBU, Bierfarbe: 20 EBC

Zutaten

2 kg Wiener Malz
2,5 kg Weizenmalz, hell
500 g Farbmalz, 800EBC
15 l Wasser (Hauptguss)
15 l Wasser (Nachguss)
50 g Hopfenpellets, Sorte Saazer (3 %)
11,5 g Hefe, Danstar Munich Wheat

Nährwerte p. P.

200 kcal
18 g Kohlenhydrate
0 g Fett
2 g Eiweiß

1 15 Liter Wasser im Braukessel auf 35 °C erhitzen. Weizenmalz, Wiener Malz und Farbmalz hinzugeben und einmaischen. Erhöhen Sie die Temperatur langsam auf 55 °C und lassen Sie die Maische für 30 Minuten rasten.

2 Innerhalb von etwa 10 Minuten die Temperatur von 55 auf 64 °C erhöhen und bei 64 °C 40 Minuten lang für die Maltoserast ruhen lassen. Auf 72 °C erhöhen und eine 30-minütige Rast einlegen.

3 Erhitzen Sie die Maische, bis sie 78 °C warm ist. 30 Minuten halten und abmaischen. Unterdessen den Läuterbottich bereitstellen.

4 Die Maische in den Läuterbottich geben und für 20 Minuten ruhen lassen. Dabei den Nachguss auf 76-78 °C erhitzen und den Braukessel gründlich reinigen. Lassen Sie einen Vorlauf ab, bis die Maische klarer wird, und geben Sie den Rest Maische zurück in den Läuterbottich. Läutern und eine kleine Schicht Wasser auf dem Treber übrig lassen. Den Nachguss sorgfältig zum Treber hinzugeben und läutern.

5 Erhitzen Sie den Braukessel mit der Würze und lassen Sie alles 80 Minuten lang schäumend kochen. Nach 15 Minuten Kochzeit 34 g Hopfen hinzugeben und mitkochen lassen. 5 Minuten vor Kochschluss die letzten 16 g Hopfen hinzugeben.

6 Lassen Sie alles im Whirlpool runterkühlen, ehe Sie die Würze in den Gäreimer transferieren.

7 Den Gäreimer auf etwa 20-25 °C runterkühlen lassen. Die Hefe aus dem Kühlschrank nehmen und aufwärmen. Über Nacht an einen dunklen Ort stellen.

8 Hefe zur Würze geben und Gärung bei 20-25 °C starten. Den Eimer schließen und frühestens nach 24 Std. die Gärung kontrollieren.

9 Sobald die Stammwürze sich nicht mehr ändert, das Jungbier mit Zucker in Flaschen abfüllen.

10 Das Bier für 3 Wochen in Flaschen nachgären lassen. Danach für 10 Tage für die Nachreifung bei 3-5 °C im Kühlschrank aufrecht stehend lagern.

Zubereitungstipp: Statt des Farbmalzes kann auch Caramelmalz zwischen 80 und 120 EBC verwendet werden. Der Geschmack wird dadurch etwas weniger rauchig.

CHAMPAGNER-WEIZEN-DOPPELBOCK

23 l.

4 Wo.

Mittel

Stammwürze: 21,5 °P, Hopfung: 22 IBU, Bierfarbe: hell (ca. 9 EBC)

Zutaten

3,8 kg Weizenmalz, hell
3,5 kg Pilsner Malz
0,3 kg Caramalz, hell
0,55 kg Rohrzucker
18 l Wasser (Hauptguss)
5 l Wasser (vorgelegt im Läuterbottich)
8 l Wasser (Nachguss)
15 g Hopfen (Pellets), Sorte Perle (AH, 10 %)
12 g Hopfen (Pellets), Sorte Hallertauer Mittelfrüh (AH, 8 %)
11,5 g Hefe, WB-06 (Fermentis)
25 g Kitzinger Champagner-Hefe

Nährwerte p. P.

185 kcal
18 g Kohlenhydrate
0 g Fett
2 g Eiweiß

1 Erhitzen Sie 18 l Wasser auf 45 °C und beginnen Sie mit dem Einmaischen des Malzes und des Rohrzuckers. Temperatur langsam auf 55 °C erhöhen und für 10 Minuten eine Eiweißrast einlegen.

2 Die Temperatur auf 63 °C erhöhen und 40 Minuten lang rasten lassen. Dann auf 72 °C etwa 25 Minuten lang verzuckern, bis die Jodprobe jodnormal ausfällt. Bei 78 °C abmaischen.

3 Vorlage erhitzen und in den Läuterbottich geben. Transferieren Sie die Maische in den Läuterbottich und lassen Sie sie 20 Minuten lang ruhen. Unterdessen den Braukessel reinigen und den Nachguss erhitzen. Mit dem Läutern beginnen.

4 Nach Zugabe des Nachgusses nochmals 10 Minuten Läuterruhe einhalten, dann läutern.

5 Kochen Sie die Würze 75 Minuten lang schaumig auf. Die erste Hopfengabe von etwa 15 g (Perle) geben Sie 5 Minuten nach Kochbeginn zur Würze hinzu. 12 g Hallertauer Hopfen etwa 5 Minuten vor Ende, nach 70 Minuten Kochzeit, hinzugeben.

6 Die Würze auskühlen lassen und in den Gärtank transferieren. Dort auf 17-20 °C runterkühlen lassen und die WB-06-Hefe unterdessen aufwärmen. Am nächsten Tag die Hefe zugeben und für 4-5 Tage verschlossen gären lassen.

7 Eine zweite Gärung vornehmen, indem das Jungbier abgezogen und in einen neuen Gärbottich gefüllt wird. Dort mit Champagner-Hefe anreichern und nochmals 4-5 Tage gären lassen.

8 Sobald die Stammwürze sich nicht mehr verändert, ist das Bier fertig vergoren und kann zur Nachgärung in Flaschen abgefüllt werden. Nach dem Schlauchen die Flaschen an einem dunklen Ort 20 Tage nachgären lassen.

9 Für die Nachreifung die Flaschen bei 2-3 °C im Kühlschrank aufrecht stehend reifen lassen.

Zubereitungstipp: Bei höherer Anstelltemperatur der Hefe wird der Weißbiergeschmack gefördert, jedoch ermöglicht eine niedrigere Temperatur eine bessere Klärung. Ideal wäre es, die Hefe bei etwa 22 °C anzustellen und ab dem 3. Tag auf 17 °C runterzukühlen.

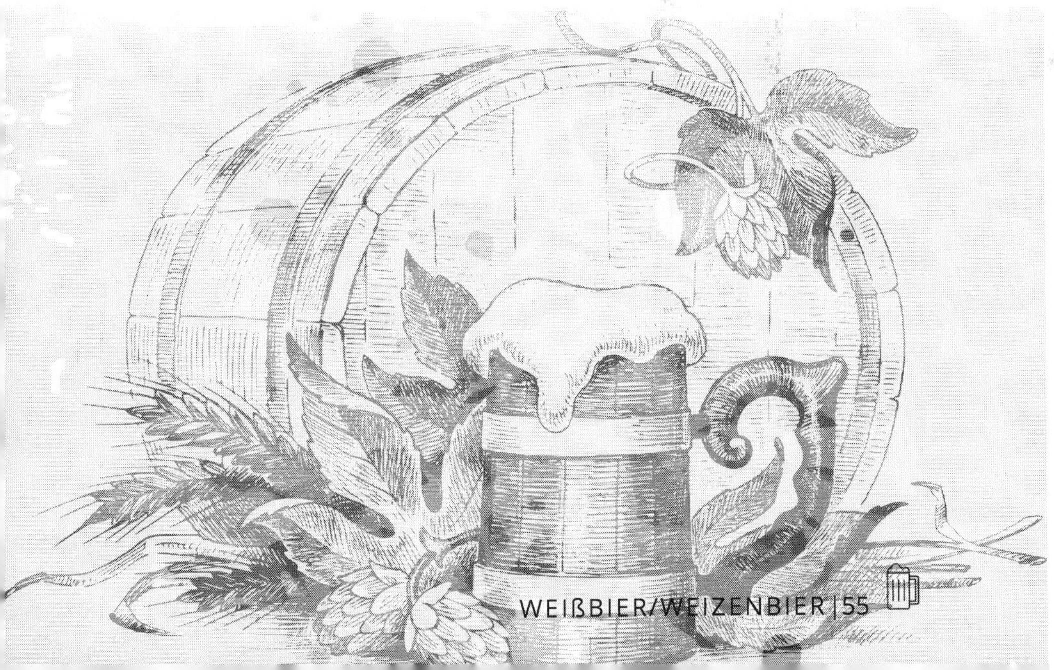

KUPFERWEIZEN

25 l.

8 Wo.

Leicht

Stammwürze: 12,1 °P, Hopfung: 15 IBU, Bierfarbe: 20 EBC

Zutaten

2 kg Münchner Malz
2,5 kg Weizenmalz, dunkel
500 g Farbmalz, 120EBC
15 l Wasser (Hauptguss)
15 l Wasser (Nachguss)
30 g Hopfen (Pellets), Sorte Hallertauer Perle
20 g Hopfen, Hersbrucker
11,5 g Hefe, WB-06 (Fermentis)

Nährwerte p. P.

200 kcal
18 g Kohlenhydrate
0 g Fett
2 g Eiweiß

1 Erhitzen Sie 15 l Wasser auf 35 °C und beginnen Sie mit dem Einmaischen des Malzes. Bei 55 °C für 20 Minuten rasten, dann noch einmal für 40 Minuten bei 64 °C.

2 Langsam auf 72 °C erhöhen und für die Verzuckerung 30 Minuten rasten. Bei 78 °C für 30 Minuten abmaischen und in den Läuterbottich transferieren.

3 Für 20 Minuten Läuterruhe einhalten und Braukessel reinigen. Nachguss auf 76 °C erhitzen. Läutern Sie die Maische und geben Sie vorsichtig den Nachguss auf dem Treber, ehe Sie eine weitere, 10-minütige Läuterruhe einhalten. Dann nochmals läutern.

4 Die Würze für 90 Minuten schäumend aufkochen und nach 15 Minuten Kochzeit 20 g Hersbrucker Hopfen mitkochen. Am Ende der Kochzeit 30 g Hopfen (Perle) in den Whirlpool geben.

5 Die Würze auskühlen lassen und in den Gärtank geben. Über Nacht auf 20-25 °C abkühlen lassen und die Hefe aus dem Kühlschrank an einem ähnlich warmen Ort aufwärmen lassen. Am nächsten Tag die Hefe über der Würze verteilen und rehydrieren lassen. Hochziehen, dann den Gäreimer verschließen.

6 Die Gärung erfolgt innerhalb von 3-4 Tagen bei etwa 20 °C. Bei erfolgter Gärung schlauchen und für 3 Wochen an einem dunklen Ort in Flaschen gären. Sobald die Nachgärung abgeschlossen ist, für 2 Wochen aufrecht stehend im Kühlschrank bei 3-5 °C nachreifen lassen.

SCHOKOLADENWEIZEN

 28 l.

 10 Wo.

 Leicht

Stammwürze: 12,5 °P, Hopfung: 24 IBU, Bierfarbe: 40 EBC

Zutaten

2,0 kg Weizenmalz, hell
100 g Weizenmalz, dunkel
1,8 kg Pilsner Malz
500 g Melanoidinmalz
250 g Chocolate Malt
50 g Farbmalz, 800 EBC
16 l Wasser (Hauptguss)
13 l Wasser (Nachguss)
11 g Hefe, Danstar Munich Wheat
22 g Hopfen, Sorte Perle (AH, 10 %)
10 g Hopfen, Sorte Saazer (AH, 3 %)
75 g Bitterschokolade

Nährwerte p. P.

212 kcal
18 g Kohlenhydrate
0 g Fett
2 g Eiweiß

1 Geben Sie 16 Liter Wasser in den Braukessel und erhitzen Sie das Wasser auf 45 °C. Mit der Zugabe des Malzes beginnen und auf 55 °C erhöhen. 15 Minuten rasten.

2 Die Maische langsam auf 63 °C erwärmen und nochmals 30 Minuten rasten lassen. Erhöhen Sie die Temperatur dann auf 72 °C und warten Sie ca. 25 Minuten, bis die Jodprobe jodnormal anzeigt. Bei 78 °C abmaischen.

3 Im Läuterbottich für 20 Minuten ruhen lassen und unterdessen Braukessel reinigen. Den Nachguss (13 Liter Wasser) auf 76 °C erhitzen. Maische läutern, dann den Nachguss auf den Treber geben. Nochmals 10 Minuten Läuterruhe einhalten und dann läutern.

4 Die Würze kochen, bis sie schäumt. Nach 5 Minuten 10 g Saazer-Hopfen hinzufügen. Weitere 60 Minuten kochen lassen, dann Bitterschokolade hinzugeben und für 10 Minuten mitkochen. Für die letzten 5 Minuten auch die 20 g Perle-Hopfen hinzugeben.

5 Würze abkühlen lassen und in den Gärtank füllen. Auf 18-22 °C abkühlen lassen und Hefe in dieser Zeit aufwärmen lassen. Hefe zur Würze geben. Bei geschlossenem Deckel 3-4 Tage gären lassen, bis die Stammwürze sich nicht mehr verändert.

6 Das Jungbier schlauchen und mit Zucker anreichern. In Flaschen abfüllen und für 2 Wochen an einem dunklen Ort nachgären lassen. Für mindestens 5 Wochen im Kühlschrank bei 3-5 °C nachreifen lassen.

Zubereitungstipp: Am besten 70-prozentige Bitterschokolade verwenden. Wer streng nach Reinheitsgebot braut, kann mehr Schokoladenmalz statt der Schokolade verwenden.

Untergäriges Bier

AMERIKANISCHES LAGER

20 l.

6 Wo.

Leicht

Stammwürze: 12,5 °P, Hopfung: 16 IBU, Bierfarbe: 6 EBC

Zutaten

3,8 kg Wiener Malz
250 g Reisflocken
15 g Hopfen, Sorte Hallertauer Tettnanger
1 g Hopfen, Sorte Saazer
14 l Wasser (Hauptguss)
14 l Wasser (Nachguss)
11,5 g Hefe, Saflager S-23

Nährwerte p. P.

184 kcal
15 g Kohlenhydrate
0 g Fett
2 g Eiweiß

1 Geben Sie 14 Liter Wasser in den Braukessel und erhöhen Sie die Temperatur, bis 68 °C erreicht sind. Das Malz und die Reisflocken hinzufügen und einmaischen.

2 Auf ca. 66 °C runterkühlen und für 70 Minuten rasten lassen. Bei gleicher Temperatur abmaischen und in den Läuterbottich transferieren.

3 Während der 20 Minuten Läuterruhe den Nachguss auf etwa 63 °C erwärmen und den Braukessel reinigen. Läutern und den Nachguss vorsichtig auf den Treber geben. Nochmals 10 Minuten Ruhe einhalten und dann abläutern.

4 Die Würze schäumend aufkochen und für 30 Minuten unter Aufsicht kochen lassen. 15 g Tettnanger Hopfen hinzugeben und nochmals 30 Minuten kochen. 1 g Saazer-Hopfen hinzugeben und noch 5 Minuten kochen.

5 Würze runterkühlen und in den Gäreimer transferieren. Über Nacht auf etwa 9 °C abkühlen lassen und die Hefe aus dem Kühlschrank nehmen. Die Hefe großzügig auf der Würze verteilen und 30 Minuten rehydrieren lassen. Nach oben ziehen und den Gäreimer verschließen. Die Gärung erfolgt bei etwa 11 °C.

6 Warten Sie 1-3 Tage, bevor Sie die Gärung überprüfen. Bevor die Gärung fertig ist, die Temperatur auf 18-20 °C im Gärtank erhöhen. Dadurch wird eine Diacetylrast ausgelöst, die für den Gärvorgang wichtig ist. Sobald die Stammwürze sich nicht mehr verändert und die Gärung vollzogen ist, das Bier in Flaschen schlauchen und für die Nachgärung 10 Tage an einem dunklen Ort ruhen lassen.

7 Die Bierflaschen aufrecht stehend 2-3 Wochen bei 4-5 °C im Kühlschrank nachreifen lassen, ehe sie verkostet werden.

PILS

20 l.

8 Wo.

Leicht

Stammwürze: 12 °P, Hopfung: 16 IBU, Bierfarbe: 9 EBC

Zutaten

12 l Wasser (Hauptguss)
12 l Wasser (Nachguss)
4,0 kg Pilsner Malz
500 g Weizenmalz
30 g Hopfen, Tettnanger (4,2 %)
11,5 g Hefe, Saflager S-23

Nährwerte p. P.

110 kcal
15 g Kohlenhydrate
0 g Fett
2 g Eiweiß

1 12 l Wasser im Braukessel auf 38 °C erhitzen. Mit dem Einmaischen beginnen und Malz unter kräftigem Rühren hinzugeben. Währenddessen auf 52 °C erhöhen.

2 Die Temperatur langsam auf 63 °C bringen und für 40 Minuten rasten. Bei 73 °C eine weitere, 25-minütige Rast einlegen. Auf 78 °C erhöhen und 10 Minuten rasten, dann abmaischen.

3 Geben Sie die gekochte Maische in den Läuterbottich und lassen Sie sie für ca. 20 Minuten ruhen. Den Braukessel reinigen und den Nachguss auf 76 °C erhitzen. Mit dem Läutern beginnen.

4 Geben Sie den Nachguss vorsichtig auf den Treber und warten Sie 10 Minuten, bevor Sie mit dem zweiten Läutervorgang beginnen. Die fertige Würze im Braukessel erhitzen und 10 Minuten schaumend kochen lassen. 20 g Tettnanger Hopfen hinzugeben, dann nochmals 60 Minuten kochen.

5 Die zweite Hopfenration von 10 g hinzufügen und 10 Minuten kochen. Würze in den Gäreimer transferieren und abkühlen lassen. Über Nacht die Hefe auf etwa 12 °C erwärmen lassen und Gärtank auf dieselbe Temperatur abkühlen lassen.

6 Die Hefe sorgsam über der Würze verteilen und 30 Minuten rehydrieren lassen, dann nach oben ziehen.

7 Bei 12 °C anstellen und den Gäreimer verschließen. Etwa 4-5 Tage gären lassen. Wenn der Stammwürzegehalt sich nicht mehr verändert, ist die Hauptgärung abgeschlossen.

8 Bier zur Nachgärung mit Zucker in Flaschen füllen und für 2-3 Tage an einem dunklen Ort bei Raumtemperatur nachgären lassen. Für die Reifung 3-4 Wochen bei 5 °C in den Kühlschrank geben.

DOPPELBOCK

 50 l.
 2 Mo.
 Mittel

Stammwürze: 12,5 °P, Hopfung: 16 IBU, Bierfarbe: 9 EBC

Zutaten

45 l Wasser (Hauptguss)
20 l Wasser (Nachguss)
4,8 kg Pilsner Malz
4,3 kg Münchner Malz
4 kg Carapils
1,15 kg Melanoidinmalz
300 g Caramünch
70 g Carafa Spezial II (Röstmalz)
300 g Sauermalz
16 g Hopfen, Sorte Taurus
22 g Hopfen, Sorte Tradition
14 g Hopfen, Sorte Smaragd
11,5 g Hefe, Saflager S-23

Nährwerte p. P.

255 kcal
20 g Kohlenhydrate
0 g Fett
2 g Eiweiß

1 45 l Wasser erhitzen und bei 62 °C alle Malzsorten außer den Farbmalz einmaischen. Für 45 Minuten rasten, dann auf 72 °C erhöhen. 45 Minuten Rast einhalten. Während der letzten 15 Minuten das Carafa 2 Spezial mit einmaischen.

2 Bei 78 °C abmaischen. Transferieren Sie die Maische in den Läuterbottich und erhitzen Sie den Nachguss auf 76 °C. 20 Minuten Läuterruhe einhalten und währenddessen den Braukessel reinigen. Dann läutern.

3 Geben Sie den Nachguss vorsichtig auf den Treber und warten Sie 10 Minuten, ehe Sie nochmals läutern. Die Würze im Braukessel erhitzen, bis sie schaumig kocht. Insgesamt 90 Minuten kochen, nach 30 Minuten 16 g Taurus-Hopfen hinzugeben und mitkochen. 45 Minuten kochen, dann 22 g Tradition-Hopfen hinzufügen.

4 Nach 10 weiteren Minuten 14 g Smaragd-Hopfen in einer dritten Hopfengabe hinzufügen. 30 Minuten im Whirlpool lassen, nachdem das Kochen beendet ist.

5 Die Würze abkühlen lassen und in den Gäreimer transferieren. Die Hefe und die Würze sollen ungefähr auf 10 °C gekühlt bzw. erwärmt werden, bevor die Hefe zugegeben wird.

6 Hefe über 3 Wochen gären lassen. Dabei nach 3-5 Tagen die erste Messung durchführen. Sobald die Stammwürze sich nicht mehr verändert, ist die Gärung abgeschlossen. Zucker dem Jungbier zusetzen und schlauchen, in Flaschen nochmals eine Woche lagern, ehe diese für eine 8- bis 12-wöchige Nachreifung bei 3-5 °C in den Kühlschrank gestellt werden.

MEXIKAN LAGER

30 l.

6 Wo.

Schwer

Stammwürze: 12 °P, Hopfung: 26 IBU, Bierfarbe: 10 EBC

Zutaten

1 Packung Flüssighefe, WLP840 American Lager
22 l Wasser (Hauptguss)
17,5 l Wasser (Nachguss)
2,2 kg Maisflocken
4,6 kg Pale Ale Malz
2,2 kg Münchner Malz
13,3 g Hopfen, Sorte Amarillo
55,3 g Hopfen, Sorte Saazer
30 ml Agavennektar

Nährwerte p. P.

200 kcal
16 g Kohlenhydrate
0 g Fett
2 g Eiweiß

1 Den Hefestarter ungefähr 3-5 Tage vor dem Brauen ansetzen. Am Brautag 22 l Wasser erhitzen und Malz sowie Maisflocken einmaischen. Bei 67 °C 60 Minuten rasten.

2 Langsam über 10-20 Minuten auf 78 °C erhitzen und 10 Minuten ruhen. Bei selbiger Temperatur abmaischen. In den Läuterbottich geben und 20 Minuten ruhen lassen. Braukessel reinigen und Nachguss auf 76 °C erhitzen.

3 Läutern Sie die Maische und geben Sie danach den Nachguss auf den Treber. Für 5-10 Minuten ruhen lassen, dann ebenfalls läutern.

4 Die Würze für 90 Minuten kochen. Nach 30 Minuten 13,3 g Amarillo-Hopfen hinzugeben und mitkochen. 45 Minuten unter Aufsicht kochen, dann den Agavennektar hinzufügen. Nach 10 Minuten 55,3 g Saazer-Hopfen für 5 Minuten mitkochen, dann im Whirlpool abkühlen lassen.

5 Die abgekühlte Würze in den Gärtank geben und auf 10 °C runterkühlen lassen (über Nacht). Hefestarter auf dieselbe Temperatur bringen. Hefe in die Würze geben und an einem dunklen Ort mit geschlossenem Deckel gären lassen.

6 Nach 3-5 Tagen die erste Messung durchführen. Wenn sich der Stammwürzegehalt nicht mehr verändert, ist die Hauptgärung abgeschlossen. Nach der Gärung in Flaschen schlauchen und für mindestens 2 Wochen nachgären lassen. Bei 3-5 °C im Kühlschrank 4 Wochen lang reifen lassen.

Zubereitungstipp: Für einen besonderen Geschmack können 5-6 Limetten gemeinsam mit dem Agavennektar während des Würzekochens hinzugegeben werden. Dies verleiht dem Bier ein noch fruchtigeres Aroma.

MÜNCHNER HELL

20 l.

8 Wo.

Leicht

Stammwürze: 11,3 °P, Hopfung: 20 IBU, Bierfarbe: 6 EBC

Zutaten

3 kg Pilsner Malz
750 g Caramalz, hell
16 l Wasser (Hauptguss)
14 l Wasser (Nachguss)
24 g Hopfen, Sorte Hallertauer Mittelfrüh
14 g Hopfen, Sorte Tettnanger
28 g Hopfen, Sorte Saazer
20 g Hefe, Saflager W-34/70 (Fermentis)

Nährwerte p. P.

190 kcal
11 g Kohlenhydrate
0 g Fett
2 g Eiweiß

1 Erhitzen Sie 16 Liter Wasser im Braukessel und beginnen Sie mit dem Einmaischen des Malzes bei 65 °C. Runterkühlen auf 62 °C und 50 Minuten rasten.

2 Langsam die Temperatur erhöhen und eine zweite Rast bei 72 °C einlegen, diesmal für 20 Minuten. Bei 78 °C abmaischen und in den Läuterbottich transferieren.

3 20 Minuten Läuterruhe einlegen und den Nachguss auf 76 °C erwärmen. Läutern Sie die Maische und geben Sie den Nachguss vorsichtig auf den Treber. Nochmals 10 Minuten Ruhe einhalten, bevor der Nachguss geläutert wird.

4 Die Würze im Braukessel kochen, so dass sie schäumt. Nach 15 Minuten 24 g Hallertauer-Mittelfrüh-Hopfen hinzugeben und mitkochen. Weitere 60 Minuten kochen, bis Sie 14 g Tettnanger-Hopfen hinzugeben. 15 Minuten kochen, dann abkühlen lassen und 28 g Saazer-Hopfen in den Whirlpool geben.

5 Lassen Sie die Würze in den Gärtank und kühlen Sie sie auf ca. 10 °C herunter. Hefe unterdessen bei einer ähnlichen Temperatur lagern. Bei 9-11 °C die Hefe auf der Würze verteilen und 30 Minuten rehydrieren lassen, dann nach oben ziehen, damit sie mit Sauerstoff in Berührung kommt. Gärtank verschließen und erst nach 24 Std. Gärung überprüfen.

6 Sobald die Gärung abgeschlossen ist, kann das Bier geschlaucht und in Flaschen abgefüllt werden. Es sollte mindestens 4 Wochen zur Nachgärung und Reifung kühl (0 °C) gelagert werden, am besten im Kühlschrank.

Zubereitungstipp: Da die Gär- und Lagertemperatur recht kühl ist, ist es unbedingt wichtig, genug Hefe zu verwenden. Achten Sie also darauf, die genaue Menge oder etwas mehr zu nehmen und nicht daran zu sparen.

MÜNCHNER DUNKEL

20 l.

9 Wo.

Mittel

Zutaten

4 kg Münchner Malz
100 g Melanoidinmalz
100 g Red X Malz
20 l Wasser (Hauptguss)
14 l Wasser (Nachguss)
100 g Hopfen (Pellets), Sorte Spalter Select
23 g Hefe, Mangrove Jack's M76 Bavarian Lager

Nährwerte p. P.

210 kcal
15 g Kohlenhydrate
0 g Fett
2 g Eiweiß

Stammwürze: 12 °P, Hopfung: 26 IBU, Bierfarbe: 40 EBC

1 20 Liter Wasser im Braukessel erhitzen. Bei 68 °C Malz einmaischen und für 90 Minuten eine Rast einlegen. Auf 78 °C erhöhen und abmaischen.

2 Maische in den Läuterbottich geben und 20 Minuten ruhen lassen. Reinigen Sie unterdessen den Braukessel und erhitzen Sie den Nachguss (14 l) auf 76 °C. Maische läutern und den Nachguss vorsichtig auf den Treber gießen. Zweite Läuterruhe für 10 Minuten einhalten, dann den Nachguss läutern.

3 Würze kochen, so dass sie schäumt. 70 g Hopfen nach 10 Minuten Kochzeit hinzugeben. 55 Minuten unter Aufsicht kochen, dann die restlichen 30 g Hopfen hinzugeben und für 5 Minuten kochen. Im Whirlpool abkühlen lassen.

4 Transferieren Sie die Würze vom Braukessel zum Gärtank und lassen Sie sie über Nacht auf 9-12 °C abkühlen. Die Hefe auf dieselbe Temperatur aufwärmen lassen. Für die Gärung die Hefe zur Würze geben.

5 Die Gärung findet bei 9-12 °C statt. Kontrollieren Sie die Gärung frühestens 24 Std. nach Gärstart. Sobald die Stammwürze sich nicht mehr ändert, ist die Hauptgärung vollendet. Für die Nachgärung das Bier unter Zugabe von Zucker schlauchen und für 10 Tage bei 9-12 °C nachgären lassen.

6 Das Bier aufrecht stehend im Kühlschrank bei etwa 0 °C mindestens 4-6 Wochen nachreifen lassen.

Zubereitungstipp: Da dieses Bier eine ausgiebige Gär- und Reifezeit im Kühlen benötigt, empfiehlt es sich, das Münchner Dunkel im Winter oder zumindest in der kalten Jahreszeit zu brauen.

DUNKLER BOCK

 20 l.

 6 Mo.

 Mittel

Stammwürze: 16 °P, Hopfung: 30 IBU, Bierfarbe: 40 EBC

Zutaten

,5 kg Münchner Malz Typ I
1 kg Wiener Malz
200 g Caramalz, hell
200 g Caramalz, dunkel, Typ II
30 g Röstmalz Spezial Typ II
13,4 l Wasser (Hauptguss)
13,8 l Wasser (Nachguss)
12 g Hopfen (Dolden), Sorte Hallertauer Bitter
35 g Hopfen (Dolden), Sorte Golding
11 g Hefe, Saflager W-34/70 (Fermentis)

Nährwerte p. P.

330 kcal
19 g Kohlenhydrate
0 g Fett
2 g Eiweiß

1 10,5 Liter Wasser im Braukessel erhitzen, bis 64 °C erreicht sind. Bei dieser Temperatur das Malz einmaischen, ohne die Temperatur zu ändern. Die Maische sollte dadurch auf 55 °C abgekühlt werden. 20 Minuten rasten.

2 2,9 Liter Wasser in einer separaten Sudpfanne oder einem Topf auf 98 °C erhitzen und dazugeben. Die Temperatur steigt dadurch auf 63 °C. Nochmals 20 Minuten rasten lassen.

3 4 Liter der Dickmaische entnehmen und aufkochen. Zur Maische geben, damit die Temperatur auf 72 °C steigt. 20 Minuten rasten.

4 Kochen Sie weitere 3,6 Liter Maische und fügen Sie sie wieder hinzu. Die Temperatur steigt dadurch auf 78 °C. 10 Minuten rasten, dann Jodprobe entnehmen. Sobald die Jodprobe jodnormal ausfällt, abmaischen.

5 Transferieren Sie die Würze in den Läuterbottich und reinigen Sie den Braukessel während der Läuterruhe von 20 Minuten. Den Nachguss auf 76 °C erhitzen. Maische läutern und den Nachguss vorsichtig auf den Treber gießen. 10 Minuten ruhen lassen, dann läutern.

6 Die Würze 90 Minuten lang schäumend kochen. Nach 30 Minuten 12 g Hallertauer Bitter-Hopfen zum Kochen dazugeben. Die zweite Hopfengabe, 35 g Golding-Hopfen, erfolgt 15 Minuten vor Ende der Kochzeit.

7 Die Würze abkühlen lassen und in den Gärtank geben. Lassen Sie die Würze über Nacht auf 12 °C runterkühlen und holen Sie die Hefe aus dem Kühlschrank.

8 Hefe zur Würze geben. Die Gärung erfolgt bei 12 °C und ist vollendet, sobald der Stammwürzegehalt sich nicht mehr verändert.

9 Jungbier schlauchen und in Flaschen abfüllen. Für die Nachgärung ca. 10 Tage an einem kühlen Ort (12 °C) lagern. Danach bei 0-1 °C für mindestens 4 Wochen im Kühlschrank nachreifen lassen.

MAI-BOCK

20 l.

3 Mo.

Mittel

Zutaten

3 kg Pilsner Malz
2 kg Wiener Malz
340 g Caramalz, hell
200 g Haferflocken
60 g Chocolate Malt
21 l Wasser (Hauptguss)
4,5 l Wasser (Nachguss)
48 g Hopfen (Pellets), Sorte Hallertauer Tradition
24 g Hopfen (Pellets), Sorte Crystal
23 g Hefe, Saflager S-23

Nährwerte p. P.

320 kcal
27 g Kohlenhydrate
0 g Fett
3 g Eiweiß

Stammwürze: 16,8 °P, Hopfung: 38 IBU, Bierfarbe: 18 EBC

1 21 Liter Wasser gemeinsam mit dem Malz und den Haferflocken im Braukessel auf 65 °C erhitzen. 30 Minuten Rast einhalten, dann auf 72 °C erhöhen und weitere 15 Minuten rasten.

2 Erhöhen Sie die Temperatur auf 78 °C und legen Sie eine Rast von 10 Minuten ein. Abmaischen, sobald die Jodprobe jodnormal ausfällt.

3 Die Maische in den Läuterbottich geben und 20 Minuten ruhen lassen. Braukessel reinigen und Nachguss auf 76 °C erhitzen. Läutern Sie die Maische und geben Sie den Nachguss vorsichtig auf den Treber. Nochmals läutern.

4 Kochen Sie die Würze für 60 Minuten. Geben Sie 36 g Hallertauer Tradition-Hopfen dabei gleich zu Kochstart hinzu. 10 Minuten vor Kochende sowohl 14 g Crystal-Hopfen als auch die übrigen 12 g Hallertauer Tradition-Hopfen mitkochen. Im Whirlpool abkühlen lassen, dann in den Gärtank ablaufen lassen.

5 Die Würze am besten über Nacht auf 11-13 °C runterkühlen und die Hefe bei ähnlicher Temperatur lagern. Geben Sie die Hefe zur Würze und verschließen Sie den Gärtank für die Hauptgärung.

6 Die Hauptgärung dauert ca. 5 Tage. Nachdem Sie vollzogen ist, 10 g Crystal-Hopfen stopfen. 6-7 Tage lang ziehen lassen.

7 Das Jungbier in Flaschen abfüllen und für 14 Tage bei Raumtemperatur nachgären lassen. Danach für ein paar Wochen stehend im Kühlschrank bei 1-3 °C nachreifen lassen.

FESTBIER

23 l.

10 Wo.

Leicht

Zutaten

2 kg Pilsner Malz
2,5 kg Münchner Malz
50 g Farbmalz, 800 EBC
15 l Wasser (Hauptguss)
15 l Wasser (Nachguss)
7 g Hefe, Saflager S-23
25 g Hopfen (Pellets), Sorte Hallertauer Perle
20 g Hopfen (Pellets), Sorte Hersbrucker

Nährwerte p. P.

380 kcal,
25 g Kohlenhydrate
0 g Fett
2 g Eiweiß

Stammwürze: 14 °P, Hopfung: 26 IBU, Bierfarbe: 18 EBC

1 Erhitzen Sie 15 l Wasser im Braukessel auf 35 °C. Malz einmaischen und langsam auf 52 °C erhöhen. Lassen Sie die Maische auf dieser Temperatur für 20 Minuten rasten.

2 Maische auf 64 °C erhitzen. Für 40 Minuten rasten lassen, dann auf 72 °C erhöhen und nochmals 30 Minuten rasten. Bei 78 °C 30 Minuten abmaischen.

3 Maische in den Läuterbottich geben und Nachguss auf 76 °C erhitzen. 20 Minuten Läuterruhe einhalten, in welcher Sie den Braukessel reinigen können. Läutern Sie die Maische und geben Sie danach den Nachguss vorsichtig auf den Treber. 10 Minuten ruhen lassen, dann ebenfalls läutern.

4 Kochen Sie die Würze für 90 Minuten schäumend. Nach 15 Minuten Kochzeit den Hersbrucker Hopfen hinzugeben. 15 Minuten vor Kochende die Hallertauer Perle ebenfalls mitkochen.

5 Geben Sie die Würze in den Gärtank und lassen Sie sie auf 12-15 °C abkühlen. Hefe in der Zwischenzeit aus dem Kühlschrank nehmen und am gleichen Ort lagern. Die Hefe zur Würze geben.

6 Die Hauptgärung ist nach 5-6 Tagen abgeschlossen. Das Jungbier in Flaschen abfüllen und für weitere 6 Wochen bei ca. 13 °C gären lassen. Geben Sie die Flaschen anschließend für die Reifung 2 Wochen bei 0-3 °C in den Kühlschrank.

UR-MÄRZEN

15 l.

12 Wo.

Schwer

Stammwürze: 14 °P, Hopfung: 22 IBU, Bierfarbe: 14 EBC

Zutaten

660 g Pilsner Malz
1,45 kg Wiener Malz
1 kg Münchner Malz Typ I
200 g Caramalz, hell
9,9 l Wasser (Hauptguss)
10,1 l Wasser (Nachguss)
13 g Hopfen (Pellets), Sorte Tettnanger
5 g Hopfen (Pellets), Sorte Magnum
200 ml Flüssighefe, WYEAST 2206 Bavarian Lager

Nährwerte p. P.

230 kcal
20 g Kohlenhydrate
0 g Fett
2 g Eiweiß

1 Den Hefestarter 3 Tage vor dem Brauen ansetzen. Am Brautag 9,9 Liter Wasser im Braukessel auf 57 °C erhitzen, Malz einmaischen und 10 Minuten rasten lassen. Auf 63 °C erwärmen und nochmals 20 Minuten rasten.

2 Erhöhen Sie die Temperatur der Maische langsam auf 71 °C. Für 20 Minuten eine Rast einlegen, dann auf 78 °C aufheizen und 10 Minuten rasten. Entnehmen Sie eine Jodprobe und maischen Sie ab, sobald diese jodnormal ausfällt.

3 Maische in den Läuterbottich transferieren und 20 Minuten Läuterruhe einhalten. Reinigen Sie den Braukessel und erwärmen Sie den Nachguss auf 76 °C. Maische läutern, dann den Nachguss auf den Treber geben und nochmals 10 Minuten ruhen lassen, ehe geläutert wird.

4 Kochen Sie die Würze 80 Minuten. Zu Kochbeginn 13 g Tettnanger-Hopfen mitkochen. Nach 70 Minuten 5 g Magnum-Hopfen hinzufügen. Den Hopfen im Whirlpool sammeln und das Bier ablaufen lassen.

5 Kühlen Sie die Würze im Gärtank und aktivieren Sie die Hefe nach Packungsanleitung. Hinzufügen und 2-3 Wochen lang bei 9-12 °C für die Haupt- und Nachgärung gären lassen.

6 Füllen Sie das Jungbier in Flaschen ab und lassen Sie es 6-8 Wochen im Kühlschrank bei 0-3 °C nachreifen.

WIENER EXPORT

28 l. 10 Wo. Leicht

Stammwürze: 13,4 °P, Hopfung: 26 IBU, Bierfarbe: 20 EBC

Zutaten

3,8 kg Wiener Malz
1,7 kg Münchner Malz
16 l Wasser (Hauptguss)
5 l Wasser (vorgelegt im Läuterbottich)
13 l Wasser (Nachguss)
16 g Hopfen (Pellets), Sorte Northern Brewer
15 g Hopfen (Pellets), Sorte Saazer
11,5 g Hefe, W34/70 (Fermentis)

Nährwerte p. P.

210 kcal
18 g Kohlenhydrate
0 g Fett
2 g Eiweiß

1 Erhitzen Sie 16 l Wasser im Braukessel auf 45 °C und maischen Sie das Malz ein. Die Temperatur langsam erhöhen und bei 63 °C für 60 Minuten eine Maltoserast vollziehen.

2 Erhitzen Sie die Maische auf 72 °C und lassen Sie sie ca. 40 Minuten rasten, bis die Jodprobe jodnormal ausfällt. Bei 78 °C abmaischen.

3 18 l Wasser auf 76 °C erhitzen. 5 Liter erhitztes Wasser im Läuterbottich vorlegen. Die Maische in den Läuterbottich geben und 20 Minuten ruhen lassen. Unterdessen den Braukessel abwaschen.

4 Läutern Sie die Maische und geben Sie danach 13 Liter Nachguss auf den Treber. 10 Minuten Läuterruhe einhalten, dann ebenfalls läutern.

5 Würze im Braukessel schäumend kochen. 5 Minuten nach Kochstart 16 g Northern-Brewer-Hopfen hinzugeben. 70 Minuten kochen, dann den Saazer-Hopfen in die Würze geben und mitkochen. Nach 5 Minuten das Kochen beenden und den Whirlpool starten.

6 Lassen Sie die Würze in den Gärtank und kühlen Sie sie auf 8-10 °C runter (am besten über Nacht). Die Hefe aus dem Kühlschrank nehmen und an einen Ort mit ähnlicher Temperatur stellen.

7 Hefe bei 8-10 °C zur Würze geben. Gärtank verschließen und für 5-6 Tage gären lassen. Füllen Sie das Bier für die Nachgärung in Flaschen und lassen Sie diese nochmals 10 Tage bei 10 °C nachgären. Danach im Kühlschrank für 6 Wochen bei 0-2 °C nachreifen lassen.

BÖHMISCHES PILS

20 l.

6 Wo.

Leicht

Stammwürze: 12 °P, Hopfung: 35 IBU, Bierfarbe: 20 EBC

Zutaten

4,8 kg Böhmisches Pilsner Malz
18 l Wasser (Hauptguss)
12 l Wasser (Nachguss)
50 g Hopfen (Pellets), Sorte Saazer
12 g Hopfen (Pellets), Magnum
11,5 g Hefe, Czech Pilsner 18 (CP18)

Nährwerte p. P.

210 kcal
15 g Kohlenhydrate
0 g Fett
2 g Eiweiß

1 Den Braukessel mit 18 l Wasser füllen und auf 55 °C erhitzen. Das Malz hinzugeben und einmaischen. Erhöhen Sie die Maischetemperatur langsam auf 63 °C und legen Sie eine Rast für 40 Minuten ein.

2 Die Maische auf 72 °C erwärmen und 20 Minuten rasten. Abmaischen bei 78 °C.

3 Geben Sie die Maische in den Läuterbottich und lassen Sie sie für 20 Minuten ruhen. In dieser Zeit wird der Nachguss auf 76 °C erhitzt, der Braukessel wird gereinigt. Läutern, dann den Nachguss vorsichtig auf den Treber geben und nochmals kurz ruhen lassen. Abläutern nach ca. 10 Minuten.

4 Die Würze aufkochen und 25 g Saazer-Hopfen sowie 12 g Magnum-Hopfen zu Kochstart hinzugeben. Nach 70 Minuten das Kochen beenden und die restlichen 25 g Saazer-Hopfen in den Whirlpool geben.

5 Lassen Sie die Würze in den Gärtank ab und kühlen Sie sie auf ca. 10 °C. Hefe aus dem Kühlschrank nehmen und bei ähnlicher Temperatur aufwärmen lassen. Geben Sie die Hefe für die Gärung am nächsten Tag zur Würze.

6 Gärtank verschließen und für ca. 5 Tage gären lassen. Wenn der Stammwürzegehalt sich nicht mehr verändert, ist die Hauptgärung abgeschlossen. In Flaschen abfüllen und für 10 Tage bei 10 °C nachgären lassen, ehe sie für mindestens 4 Wochen bei 0-3 °C im Kühlschrank reifen.

OKTOBERFESTBIER

52 l.

8 Wo.

Leicht

Zutaten

6,8 kg Münchner Malz
3,7 kg Pilsner Malz
1,7 kg Wiener Malz
0,25 kg Caramalz Red
55 l Wasser (Hauptguss)
13 l Wasser (Nachguss)
14 g Hopfen (Pellets), Sorte Magnum
70 g Hopfen (Pellets), Sorte Mittelfrüh
46 g Hefe, Saflager W-34/70 (Fermentis)

Nährwerte p. P.

210 kcal
17 g Kohlenhydrate
0 g Fett
0 g Eiweiß

Stammwürze: 13,5 °P, Hopfung: 19 IBU, Bierfarbe: 23 EBC

1 Das Wasser im Braukessel auf 63 °C erhitzen. Die Malzsorten hinzugeben und einmaischen. Bei 63 °C eine Rast für 25 Minuten einlegen. Danach auf 72 °C erhitzen und nochmals 35 Minuten rasten.

2 Jodprobe entnehmen. Wenn sie jodnormal ausfällt, bei 78 °C abmaischen. Andernfalls lassen Sie die Maische noch weiter rasten, bis die Jodprobe jodnormal ausfällt.

3 Maische in den Läuterbottich geben und für 20 Minuten ruhen lassen. Den Nachguss auf 78 °C erhitzen und den Braukessel säubern. Läutern, dann den Nachguss sorgsam auf den Treber geben und nochmals 10 Minuten ruhen lassen, bevor abgeläutert wird.

4 Die Würze im Braukessel für 90 Minuten schäumend kochen. 14 g Magnum-Hopfen bei Kochstart hinzufügen. Geben Sie die 70 g Mittelfrüh-Hopfen nach 65 Minuten dazu und lassen Sie ihn für 5 Minuten mitkochen, bevor die Würze nicht mehr erhitzt wird. Im Whirlpool ein wenig kühlen lassen.

5 Transferieren Sie die Würze in den Gärtank und lassen Sie sie über Nacht auf 12 °C runterkühlen. Die Hefe am selben Ort etwas aufwärmen lassen. Geben Sie die Hefe bei 9-12 °C zur Würze. Dann nach oben ziehen, um mit viel Sauerstoff in Berührung zu kommen. Verschließen Sie den Gärtank und lassen Sie das Jungbier 5-6 Tage gären.

6 Nach erfolgter Hauptgärung das Jungbier in Flaschen abfüllen und zur Nachgärung an einem dunklen Ort für 10 Tage bei 8-10 °C lagern. Die Flaschen danach für mindestens 5 Wochen im Kühlschrank bei 0-2 °C nachreifen lassen.

Zubereitungstipp: Da das Oktoberfestbier, seinem Namen gerecht werdend, meistens im Herbst getrunken wird, schmeckt es auch besonders gut in Kombination mit Brezen und guter Gesellschaft!

INDIAN PALE LAGER

20 l.

6 Mo.

Mittel

Stammwürze: 18 °P, Hopfung: 108 IBU, Bierfarbe: 18 EBC

Zutaten

28 l Wasser (Hauptguss)
4 l Wasser (Nachguss)
2,3 kg Pilsner Malz
2,3 kg Wiener Malz
2,3 kg Münchner Malz
24 g Hopfen (Pellets), Sorte Columbus
20 g Hopfen (Pellets), Sorte Citra
20 g Hopfen (Pellets), Sorte Motueka
20 g Hopfen (Pellets), Sorte Palisade
20 g Hopfen (Pellets), Sorte Smaragd
20 g Hopfen (Pellets), Sorte Willamette
20 g Hopfen (Pellets), Sorte Chinook
1 Pck. Flüssighefe, WLP 838 Southern German Lager

Nährwerte p. P.

230 kcal
16 g Kohlenhydrate
0 g Fett
1 g Eiweiß

1 Den Hefestarter für die Flüssighefe etwa 3 Tage vor Braubeginn ansetzen.

2 Geben Sie 28 l Wasser in den Braukessel und erhitzen Sie es auf 36 °C. Malz einmaischen und Temperatur langsam auf 62 °C erhöhen. Für eine 35-minütige Rast Temperatur halten.

3 Maische auf 68 °C erhitzen und für 20 Minuten auf dieser Temperatur rasten. Auf 73 °C 20 Minuten Rast einhalten, dann auf 78 °C erhöhen. Für 5 Minuten halten, dann abmaischen.

4 Maische im Läuterbottich für 20 Minuten ruhen lassen. Reinigen Sie den Braukessel und erwärmen Sie den Nachguss auf 78 °C. Läutern, dann Nachguss vorsichtig auf den Treber gießen und nach 10 Minuten nochmals läutern.

5 Die Würze schäumend kochen. Bei Kochstart 24 g Columbus-Hopfen hinzugeben und für die gesamte Kochzeit mitkochen. Nach 15 Minuten die restlichen Hopfensorten hinzugeben und alles für weitere 75 Minuten kochen.

6 Würze auskühlen lassen und über Nacht im Gärtank ruhen lassen. Am nächsten Tag bei ca. 8-12 °C mit der Hefegabe beginnen. Hefe in den Gärtank geben und nach oben ziehen, damit sie mit Sauerstoff in Berührung kommt. Verschließen Sie den Gärtank und starten Sie die Gärung bei ca. 10 °C.

7 Nach 5-6 Tagen ist die Hauptgärung abgeschlossen. Für die Nachgärung mit Zucker in Flaschen abfüllen und nochmals zwei Wochen bei 8-12 °C lagern. Danach mindestens 2 Monate kalt (0-3 °C) nachreifen lassen. Das Aroma ist nach 4-6 Monaten voll entfaltet.

Zubereitungstipp: Wer lieber mit Trockenhefe arbeitet, kann statt der im Rezept angegebenen Flüssighefe z. B. Fermentis Saflager S-23 nutzen.

SMOKEY WHISKEY LAGER

23 l.

12 Wo.

Leicht

Zutaten

2 kg Pilsner Malz
1,5 kg Münchner Malz
1,2 kg Whiskey-Malz
1,2 kg Rauchmalz
650 g Cara-Amber-Malz
200 g Wiener Malz
24 l Wasser (Hauptguss)
11,5 l Wasser (Nachguss)
25 g Hopfen (Pellets), Sorte Hallertauer Mittelfrüh
20 g Hopfen (Pellets), Sorte Tettnanger
20 g Hopfen (Pellets), Sorte Hallertauer Tradition
11,5 g Hefe Saflager W34-70

Nährwerte p. P.

220 kcal
16 g Kohlenhydrate
0 g Fett
1 g Eiweiß

Stammwürze: 16 °P, Hopfung: 35 IBU, Bierfarbe: 20 EBC

1 24 l Wasser auf 55 °C erhitzen und Malz einmaischen. Bei 63 °C 30 Minuten lang rasten.

2 Erhöhen Sie die Temperatur auf 72 °C. Für 30 Minuten rasten, dann bei selbiger Temperatur abmaischen.

3 Maische in den Läuterbottich geben und den Nachguss auf 72 °C erhitzen. Halten Sie eine Läuterruhe für 20 Minuten ein und säubern Sie unterdessen den Braukessel. Mit dem Läutern beginnen. Nach Zugabe zum Treber den Nachguss für 10 Minuten ruhen lassen, dann nochmals läutern.

4 Die Würze ca. 60 Minuten lang kochen. Sobald die Würze schäumend kocht, 25 g Hallertauer Mittelfrüh-Hopfen hinzugeben. Nach 15 Minuten auch den Tettnanger-Hopfen zur Würze geben. 20 g Hallertauer Tradition-Hopfen im Whirlpool beigeben. Würze auskühlen lassen und in den Gärtank geben.

5 Lassen Sie die Würze über Nacht im Gärtank auf 15 °C runterkühlen und nehmen Sie die Hefe aus dem Kühlschrank. Für die Gärung die Hefe zur Würze geben.

6 Gärtank verschließen und bei 15 °C gären lassen. Die Hauptgärung sollte in 5-6 Tagen vollzogen sein, jedenfalls, bis der Stammwürzegehalt sich nicht mehr verändert. Transferieren Sie das Jungbier in Flaschen und lassen Sie sie nochmals bei 15 °C 10 Tage nachgären.

7 Zum Reifen mehrere Wochen im Kühlschrank bei 0-3 °C ruhen lassen.

Zubereitungstipp: Statt den Hallertau Tradition-Hopfen und den Tettnanger mitzukochen, kann dieser auch gestopft werden.

NORDDEUTSCHES PILS

40 l.

3 Mo.

Leicht

Zutaten

30 l Wasser (Hauptguss)
27 l Wasser (Nachguss)
7 kg Pilsner Malz
160 g Hopfen (Pellets), Sorte Hallertauer Tradition
11,5 g Fermentis Saflager W34/70

Nährwerte p. P.

215 kcal
15 g Kohlenhydrate
0 g Fett
2 g Eiweiß

Stammwürze: 11,5 °P, Hopfung: 55 IBU, Bierfarbe: 8 EBC

1 Die 30 l Wasser erhitzen und bei 64 °C das Malz einmaischen. Auf 62 °C runterkühlen und für 60 Minuten rasten.

2 Erhöhen Sie die Temperatur langsam auf 72 °C und legen Sie eine 15-minütige Rast ein. Danach auf 78 °C erhitzen und abmaischen.

3 Geben Sie die Maische in den Läuterbottich und lassen Sie sie für 20 Minuten ruhen. Reinigen Sie unterdessen den Braukessel und erhitzen Sie den Nachguss auf 78 °C. Läutern und den Nachguss vorsichtig auf den Treber gießen. Für weitere 10 Minuten ruhen lassen und dann läutern.

4 Die geläuterte Würze für 90 Minuten im Braukessel kochen. Nach 5 Minuten Kochzeit 40 g Hopfen hinzugeben. Die zweite Hopfengabe (40 g) erfolgt eine halbe Stunde später nach 35 Minuten Kochzeit. Weiterkochen lassen, nach 30 Minuten nochmals 40 g Hopfen hinzugeben. 5 Minuten vor Kochende die letzten 40 g Hopfen mitkochen lassen.

5 Lassen Sie die Würze runterkühlen und in den Gärtank ab. Die Würze soll auf 10 °C runterkühlen, wofür sie am besten über Nacht an einem kühlen Ort gelagert wird. Die Hefe ebenfalls bei 10 °C aufwärmen lassen.

6 Für die Gärung die Hefe zur Würze geben. Gärtank verschließen und für 5-6 Tage gären lassen.

7 Kontrollieren Sie frühestens nach 24 Std. die Gärung. Sobald die Stammwürze sich nicht mehr ändert, ist die Hauptgärung vollzogen. In Flaschen abfüllen und für die Nachgärung 10 Tage bei 10 °C an einem dunklen Ort lagern.

8 Das Jungbier aufrecht stehend in den Kühlschrank geben und mind. 2 Monate reifen lassen, bevor es konsumiert wird.

DORTMUNDER EXPORT

20 l.

6 Wo.

Leicht

Stammwürze: 11,8 °P, Hopfung: 25 IBU, Bierfarbe: 12 EBC

Zutaten

31 kg Pilsner Malz
12 kg Münchner Malz
16 l Wasser (Hauptguss)
12 l Wasser (Nachguss)
32 g Hopfen (Pellets), Sorte Hallertauer Tradition
7 g Hefe, Saflager W34/70

Nährwerte p. P.

215 kcal
14 g Kohlenhydrate
0 g Fett
2 g Eiweiß

1 Allgäuer dunklesErhitzen Sie das Brauwasser auf 50 °C und maischen Sie das Malz ein. Ein wenig erhöhen und bei 52 °C für 20 Minuten rasten.

2 Bei 64 °C eine zweite Rast von 40 Minuten einlegen. Temperatur langsam auf 72 °C erhöhen und nochmals 20 Minuten rasten, ehe bei 78 °C abgemaischt wird.

3 Maische in den Läuterbottich geben und 20 Minuten ruhen lassen. Erhitzen Sie unterdessen den Nachguss auf 78 °C und reinigen Sie den Braukessel. Läutern, dann Nachguss auf den Treber geben und für 10 Minuten ruhen lassen. Abläutern, sobald die Zeit um ist.

4 Die Würze im Braukessel für 90 Minuten unter Aufsicht schäumend kochen. Die Hopfengabe erfolgt bereits zu Kochbeginn. Nach Kochzeit auskühlen lassen und in den Gärtank geben.

5 Lassen Sie die Würze über Nacht auf 12-15 °C abkühlen. Die Hefe aus dem Kühlschrank nehmen und aufwärmen lassen.

6 Hefe zur Würze geben. Gärtank verschließen und bei 12-15 °C für die Hauptgärung an einem dunklen Ort lagern. Die Gärung sollte innerhalb von 7-8 Tagen erfolgen.

7 Für die Nachgärung das Jungbier in Flaschen abfüllen und nochmals 7-8 Tage bei 12-15 °C lagern. Zur Reifung 6 Wochen aufrecht stehend in den Kühlschrank (0-3 °C) geben.

ALLGÄUER DUNKLES

20 l.

3 Mo.

Leicht

Zutaten

4 kg Münchner Malz, Typ II
200 g Weizenmalz
100 g Caramalz, hell
50 g Röstmalz, Spezialtyp II
16,1 l Wasser (Hauptguss)
8,9 l Wasser (Nachguss)
35 g Hopfen (Pellets), Sorte Hallertauer Tradition
25 g Hopfen (Pellets), Sorte Hallertauer Mittelfrüh
12 g Hefe, WB-06 (Fermentis)

Nährwerte p. P.

215 kcal
13 g Kohlenhydrate
0 g Fett
2 g Eiweiß

Stammwürze: 11,7 °P, Hopfung: 26 IBU, Bierfarbe: 39 EBC

1 13,1 Liter Wasser im Braukessel erhitzen und bei 61 °C Malz einmaischen. Auf 55 °C runterkühlen lassen und 10 Minuten rasten. Unterdessen 3 Liter Wasser auf 98 °C erhitzen.

2 Wasser in die Maische geben. Die Temperatur sollte sich dadurch auf ungefähr 62 °C erhöhen. 20 Minuten rasten.

3 Erhitzen Sie die Maische auf 72 °C und lassen Sie sie 20 Minuten rasten. Nochmals Temperatur erhöhen, bis 78 °C. 10 Minuten rasten und danach eine Jodprobe entnehmen. Wenn Ihre Jodprobe jodnormal ausfällt, abmaischen.

4 Maische in den Läuterbottich geben. Erhitzen Sie 8,9 l Nachgusswasser auf 78 °C und reinigen Sie den Braukessel während einer 20-minütigen Läuterruhe. Die Würze läutern und den Nachguss vorsichtig auf den Treber gießen. Nochmals 10 Minuten warten und dann läutern.

5 Kochen Sie die Würze, so dass sie schäumt, und geben Sie 35 g Hallertauer Tradition-Hopfen hinzu. 70 Minuten kochen, danach den Hallertauer Mittelfrüh-Hopfen in den Whirlpool geben.

6 Transferieren Sie die Würze in den Gärtank und lassen Sie die Temperatur auf 19 °C abkühlen. Die Hefe aufwärmen lassen und am nächsten Tag hinzugeben. Den Gärtank an einen dunklen Ort stellen. Bei 19 °C gären lassen.

7 Überprüfen Sie die Gärung möglichst erst nach 24 Std. Sie sollte innerhalb von 5-6 Tagen erfolgen. Nach erfolgter Gärung in Flaschen abfüllen und zur Nachgärung 10 Tage ruhen lassen. Aufrecht stehend im Kühlschrank bei ca. 3 °C für 2 Monate reifen lassen.

Obergäriges Bier

BITTER ALE

20 l.

6 Wo.

Leicht

Stammwürze: 13 °P, Hopfung: 35 IBU, Bierfarbe: 20 EBC

Zutaten

4,3 kg Pilsner Malz
360 g Caramalz, dunkel
17 l Wasser (Hauptguss)
14 l Wasser (Nachguss)
11,5 g Hefe, Danstar Nottingham Ale
35 g Hopfen (Pellets), Sorte Opal
15 g Hopfen (Pellets), Sorte Mittelfrüh

Nährwerte p. P.

250 kcal
16 g Kohlenhydrate
0 g Fett
2 g Eiweiß

1 Geben Sie das Brauwasser für den Hauptguss in den Kessel und erhöhen Sie die Temperatur. Malz bei 64 °C einmaischen. Langsam erhitzen auf 69 °C und 60 Minuten rasten lassen.

2 Bei 78 °C abmaischen und in den Läuterbottich transferieren. 20 Minuten ruhen lassen und unterdessen Braukessel reinigen. Erhitzen Sie in einem separaten Topf den Nachguss auf 78 °C. Mit dem Läutern beginnen und den Nachguss auf dem übrigen Treber geben. Für 10 Minuten ruhen lassen, dann läutern.

3 Die Würze für 90 Minuten schäumend aufkochen lassen. Die 35 g Opal-Hopfen direkt bei Kochbeginn hinzugeben. Die anderen 15 g Mittelfrüh-Hopfen erst 10 Minuten vor Kochende mitziehen lassen.

4 Würze runterkühlen und in den Gärtank transferieren. Über Nacht auf 17-21 °C auskühlen lassen und die Hefe auf Raumtemperatur aufwärmen lassen. Geben Sie die Hefe am Folgetag zur Würze. Gärtank verschließen und für die Gärung an einen dunklen Ort geben.

5 Die Gärung dauert etwa 5 Tage. Sobald sie abgeschlossen ist, können Sie das Jungbier in Flaschen abfüllen. Für 5 Tage nachgären lassen, dann 5 Wochen aufrecht stehend im Kühlschrank (3-5 °C) nachreifen lassen.

HAFERBIER

12 l.

6 Wo.

Leicht

Zutaten

200 g Haferflocken
6,25 l Wasser (Hauptguss)
9,6 l Wasser (Nachguss)
30 g Hopfen (Pellets), Sorte Golding
10 g Beifuß
11,5 g belgische Saison-Hefe

Nährwerte p. P.

232 kcal
45 g Kohlenhydrate
1 g Fett
7 g Eiweiß

Stammwürze: 13,5 °P, Hopfung: 19 IBU, Bierfarbe: 9 EBC

1 6,25 l Wasser im Braukessel auf 73 °C erwärmen und Malz und Haferflocken einmaischen. Die Temperatur auf 66 °C sinken lassen und 60 Minuten rasten lassen. Auf 78 °C erhitzen und abmaischen.

2 Den Nachguss auf 78 °C erhitzen. Die Maische in den Läuterbottich geben und den Braukessel reinigen. 20 Minuten Läuterruhe einhalten, dann läutern. Geben Sie den Nachguss auf den Treber und warten Sie 10 weitere Minuten, bevor Sie erneut läutern.

3 Die Würze 75 Minuten lang kochen und nach 10 Minuten 15 g Golding-Hopfen dazugeben. 50 Minuten mitkochen lassen, dann sowohl Beifuß als auch die restlichen 15 g Hopfen hinzufügen. Im Whirlpool kühlen lassen.

4 Die Würze über Nacht im Gäreimer kühlen lassen. Die Hefe an denselben Ort legen. Die Gärtemperatur sollte etwa 25 °C betragen. Am nächsten Tag die Hefe zur Würze geben. Mit einer abgekochten Küchenkelle aufziehen und alles gut durchrühren.

5 Bei 20-25 °C in etwa 4 Wochen gären lassen. Zwischendurch die Stammwürze messen. Wenn diese sich nicht mehr verändert, ist die Gärung abgeschlossen.

6 Bei vollendeter Gärung in Flaschen abfüllen und für die Nachgärung 10 Tage an einem dunklen Ort lagern. Bei 3-5 °C im Kühlschrank zwei Wochen nachreifen lassen.

INDIAN PALE ALE

20 l. 6 Wo. Leicht

Zutaten

14 l Wasser (Hauptguss)
10 l Wasser (Nachguss)
2,5 kg Pale Ale Malz
1 kg Caramalz
800 g Melanoidinmalz
50 g Hopfen (Pellets), Sorte Centennial
100 g Hopfen (Pellets), Sorte Cascade
11,5 g Hefe, Mangrove Jacks M66 Hophead Ale

Nährwerte p. P.

230 kcal
16 g Kohlenhydrate
0 g Fett
1 g Eiweiß

Stammwürze: 12,5 °P, Hopfung: 16 IBU, Bierfarbe: 9 EBC

1 Das Wasser im Braukessel auf 64 °C erhitzen und das Malz hinzugeben. 60 Minuten rasten lassen. Auf 73 °C erhöhen und weitere 5 Minuten rasten.

2 Erhöhen Sie langsam die Temperatur der Maische auf 78 °C. Nochmals 5 Minuten rasten, dann abmaischen.

3 Maische in den Läuterbottich geben und 20 Minuten ruhen lassen. Den Braukessel säubern und den Nachguss auf 78 °C erhitzen. Maische läutern, dann den Nachguss auf den Treber geben. Läutern Sie den Nachguss nach weiteren 10 Minuten Ruhezeit.

4 Die Würze im Braukessel 80 Minuten lang kochen. 10 Minuten nach Kochstart 25 g Centennial-Hopfen hinzugeben. Kochen lassen und nach weiteren 10 Minuten die restlichen 25 g hinzufügen. 40 g Cascade-Hopfen werden 20 Minuten später zur kochenden Würze gegeben, die restlichen 60 g am Ende der Kochzeit.

5 Die Würze in den Gäreimer geben und verschlossen über Nacht ruhen lassen. Hefe bei Raumtemperatur ebenfalls ruhen lassen.

6 Geben Sie die Hefe zur Würze. Gärtank verschließen und mit der Gärung beginnen. Die Gärung ist vollzogen, sobald kaum noch Bläschen im Gärtank aufsteigen und sich der Stammwürzegehalt nicht mehr ändert.

7 Das Jungbier schlauchen und mit Zucker in Flaschen abfüllen. Zur Nachgärung 10 Tage bei Raumtemperatur an einem dunklen Ort lagern. Anschließend für die Reifung 2-4 Wochen im Kühlschrank bei 3-5 °C kühlen.

Zubereitungstipp: Das Indian Pale Ale ist ein beliebtes Craftbeer und daher in allerlei Variationen zu brauen. Es deckt geschmacklich eine große Bandbreite ab und ist daher für die meisten Biertrinker geeignet!

KELLERBIER

 23 l.

 10 Wo.

 Leicht

Zutaten

14 l Wasser (Hauptguss)
12 l Wasser (Nachguss)
2,3 kg Pilsner Malz
2,0 kg Münchner Malz
0,4 kg Caramalz Red
32 g Hopfen (Pellets), Sorte Hallertauer Perle
11,5 g Hefe, Mangrove Jack's Workhorse

Nährwerte p. P.

864 kcal
33 g Kohlenhydrate
62 g Fett
32 g Eiweiß

Stammwürze: 13 °P, Hopfung: 23 IBU, Bierfarbe: 9 EBC

1 Das Wasser im Braukessel erhitzen und bei 50 °C das Malz einmaischen. Auf 53 °C erhöhen und für 10 Minuten eine Eiweißrast einlegen.

2 Erhöhen Sie die Temperatur der Maische langsam auf 63 °C und legen Sie eine 50-minütige Rast ein. Auf 72 °C erhöhen und 40 Minuten rasten. Bei 78 °C abmaischen und in den Läuterbottich geben.

3 Lassen Sie die Maische 20 Minuten im Läuterbottich ruhen. Erhitzen Sie währenddessen den Nachguss auf 78 °C und reinigen Sie den Braukessel. Mit dem Läutern beginnen. Nachguss vorsichtig auf den übrigen Treber geben und 10 Minuten warten, bevor Sie nochmals läutern.

4 Würze im Braukessel aufkochen. Sobald sie schäumend kocht, 26 g Hopfen hinzugeben und mitkochen. Nach 80 Minuten Kochzeit weitere 6 g Hopfen hinzufügen und 20 Minuten kochen.

5 Nach der Kochzeit die Würze im Whirlpool kühlen lassen und dann in den Gärtank transferieren. Auf 18-20 °C über Nacht abkühlen lassen und Hefepackung auf Raumtemperatur bringen.

6 Hefe auf der Würze sorgfältig verteilen und 30 Minuten rehydrieren lassen. Mit einer abgekochten Küchenkelle nach oben ziehen, ehe der Gärtank verschlossen wird. Die Gärung braucht etwa 8-10 Tage und ist abgeschlossen, sobald sich der Stammwürzegehalt nicht mehr verändert.

7 Nach erfolgter Gärung das Jungbier in Flaschen abfüllen und für etwa 10 Tage bei Raumtemperatur lagern. Im Anschluss 6-8 Wochen im Kühlschrank bei 3-5 °C reifen lassen.

Zubereitungstipp: Da Kellerbier nicht so lange haltbar ist, sollte das Bier nicht allzu lange gereift werden. In der Regel hält das Bier bis zu drei Monate, manchmal aber auch nur 6 Wochen.

KÖLSCH

20 l.

6 Wo.

Leicht

Stammwürze: 11,9 °P, Hopfung: 21 IBU, Bierfarbe: 7 EBC

Zutaten

14 l Wasser (Hauptguss)
14 l Wasser (Nachguss)
3,7 kg Pilsner Malz
650 g Weizenmalz, hell
30 g Farbmalz
7 g Hefe, Fermentis K-97
40 g Hopfen (Pellets), Sorte Hallertauer Tradition

Nährwerte p. P.

230 kcal
20 g Kohlenhydrate
0 g Fett
2 g Eiweiß

1 Den Hauptguss (14 l) auf 43 °C erhitzen und das Malz einmaischen. Auf 66 °C erhöhen und für 60 Minuten rasten lassen. Eine zweite Rast bei 72 °C einlegen.

2 Erhöhen Sie die Temperatur auf 78 °C und beginnen Sie das Abmaischen. Maische in den Läuterbottich geben und für 20 Minuten ruhen lassen. Dabei den Braukessel reinigen und den Nachguss auf 78 °C erhitzen. Läutern Sie die Würze und geben Sie den Nachguss sorgsam auf den Treber. Nochmals für 10 Minuten warten und dann läutern.

3 Die Würze 90 Minuten lang kochen und 10 Minuten nach Kochbeginn 30 g Hopfen hinzugeben. 75 Minuten kochen lassen, dann für die letzten 5 Minuten nochmals 10 g Hopfen hinzufügen. Würze im Whirlpool etwas abkühlen lassen und in den Gärtank geben.

4 Lassen Sie die Würze über Nacht auf ca. 20 °C abkühlen. Die Hefe auf Raumtemperatur bringen. Am nächsten Tag Hefe in die Würze geben. Die Gärung braucht in etwa 5 Tage.

5 Nach erfolgter Gärung 10 Tage bei Raumtemperatur nachgären lassen. Für ca. 4 Wochen zum Reifen in den Kühlschrank geben (3-5 °C).

ALTBIER

20 l.

7 Wo.

Leicht

Stammwürze: 12 °P, Hopfung: 38 IBU, Bierfarbe: 40 EBC

Zutaten

2 kg Münchner Malz
2 kg Pilsner Malz
250 g Caramalz, dunkel
50 g Röstmalz
20 l Wasser (Hauptguss)
10 l Wasser (Nachguss)
55 g Hopfen (Pellets), Sorte Brewers Gold
11,5 g Hefe, Safale K-97

Nährwerte p. P.

215 kcal
10 g Kohlenhydrate
0 g Fett
2 g Eiweiß

1 DinkelbierDas Wasser für den Hauptguss auf 60 °C erhöhen und Malz einmaischen. Temperatur auf 67 °C für eine 90-minütige Kombirast erhöhen.

2 Bei 78 °C eine Jodprobe entnehmen. Abmaischen, wenn die Probe jodnormal ausfällt.

3 Die Maische in den Läuterbottich geben. Während einer 20-minütigen Läuterruhe den Braukessel säubern und den Nachguss auf 78 °C erhitzen. Die Würze läutern. Gießen Sie den Nachguss sorgfältig auf den Treber, ohne zu viel aufzuwühlen. 10 Minuten ruhen lassen und anschließend läutern.

4 Die Würze schäumend kochen und 22 g Hopfen hinzugeben. Nach 75 Minuten weitere 33 g Hopfen hinzufügen und 15 Minuten kochen.

5 Die abgekühlte Würze in den Gärtank gießen und über Nacht auf Raumtemperatur abkühlen lassen. Für die Hefegabe sollte die Würze eine Temperatur von etwa 15-19 °C haben.

6 Hefe zugeben und bei ca. 17 °C für 5-6 Tage gären lassen.

7 Nach erfolgter Gärung das Jungbier schlauchen und in Flaschen abfüllen. Die Flaschen 10 Tage bei Raumtemperatur lagern und für die Reifung 3-6 Wochen aufrecht stehend in den Kühlschrank (3-5 °C) geben.

DINKELBIER

10 l.

12 Wo.

Leicht

Stammwürze: 12,5 °P, Hopfung: 30 IBU, Bierfarbe: 18 EBC

Zutaten

,5 kg helles Malz (Wiener Mischung)
700 g Dinkel (Rohfrucht)
15 g Hopfen (Pellets), Sorte Hallertauer Tradition
10 l Wasser (Hauptguss)
8 l Wasser (Nachguss)
11,5 g Mangrove Jack's M20 Bavarian Wheat

Nährwerte p. P.

864 kcal
33 g Kohlenhydrate
62 g Fett
32 g Eiweiß

8 Scotch Ale10 l Wasser auf 45 °C erhitzen und Malz und Dinkel einmaischen. Auf 55 °C erhitzen und für 15 Minuten rasten lassen.

9 Zweite Rast für 30 Minuten auf 65 °C halten. Danach auf 72 °C erwärmen und 30 Minuten endverzuckern lassen. Jodprobe entnehmen. Sobald diese jodnormal ist, auf 78 °C erwärmen und 30 Minuten rasten. Dann abmaischen und in den Läuterbottich geben.

10 Während einer 20-minütigen Läuterruhe den Braukessel reinigen und den Nachguss auf 78 °C erhitzen. Mit dem Läutern beginnen und nach Abschluss den Nachguss vorsichtig auf den Treber gießen, ohne ihn zu sehr aufzuwühlen. 10 Minuten ruhen lassen und danach läutern.

11 Die geläuterte Würze für 90 Minuten schäumend kochen. 5 g Hopfen zu Kochstart hinzugeben, die restlichen 10 g nach 80 Minuten Kochzeit mitziehen lassen. Nach dem Whirlpool abkühlen und in den Gärtank füllen.

12 Über Nacht auf 18 bis 24 °C runterkühlen. Die Hefe bei ca. 20 °C dazugeben.

13 Die Gärzeit beträgt zwischen 8 und 10 Tagen. Nach abgeschlossener Hauptgärung schlauchen und in Flaschen abfüllen, nochmals 10 Tage nachgären lassen. Das Jungbier danach für 6-8 Wochen im Kühlschrank aufrecht stehend lagern.

SCOTCH ALE

20 l.

9 Wo.

Mittel

Stammwürze: 12,5 °P, Hopfung: 17,3 IBU, Bierfarbe: 25 EBC

Zutaten

3,4 kg helles Malz
450 g Biskuit-Malz
170 g Caramalz
30 g Geröstete Gerste
14 l Wasser (Hauptguss)
12 l Wasser (Nachguss)
42 g Hopfen (Pellets), Sorte Fuggles
1 Packung Edinburgh Ale (White Labs #WLP028) Hefe-Ale

Nährwerte p. P.

195 kcal
13 g Kohlenhydrate
0 g Fett
1 g Eiweiß

1 Hefestarter 3 Tage vor dem Brauen ansetzen. Am Brautag 14 l Wasser in den Braukessel geben und erhitzen. Das Malz und die Gerste bei 55 °C einmaischen. 15 Minuten ruhen lassen.

2 Auf 68 °C erhöhen und 45 Minuten rasten lassen. Auf 76 °C erhitzen und nochmals 10 Minuten rasten.

3 Abmaischen und 20 Minuten im Läuterbottich ruhen lassen. Reinigen Sie den Braukessel und erhitzen Sie 12 l Nachguss auf 72 °C. Läutern und den Nachguss 10 Minuten auf dem Treber sitzen lassen. Abläutern und die Würze im Braukessel erhitzen.

4 Würze für 90 Minuten kochen. Den Hopfen gleich zu Kochbeginn mitziehen lassen. Im Whirlpool für 20 Minuten auf ca. 80 °C runterkühlen, dann in den Gärtank transferieren.

5 Würze über Nacht auf 16 °C runterkühlen und am nächsten Tag den Hefestarter hinzugeben. Gärtank schließen und für 14 Tage bei 16 °C gären lassen. Die Temperatur auf 11 °C senken und weitere 30 Tage gären lassen, ehe das Bier in Flaschen gefüllt wird.

6 Die Flaschen für 21 Tage bei 7-10 °C kühl lagern.

UR-ALT

 24 l.
 6 Wo.
 Leicht

Stammwürze: 13 °P, Hopfung: 30 IBU, Bierfarbe: 44 EBC

Zutaten

3 kg Münchner Malz
1,4 kg Wiener Malz
300 g Caramalz
300 g Melanoidinmalz
50 g Carafa Spezial II (Röstmalz)
16 l Wasser (Hauptguss)
17 l Wasser (Nachguss)
14 g Hopfen (Pellets), Sorte Tettnanger
14 g Hopfen (Pellets), Sorte Spalter Select
10 g Hopfen (Pellets), Sorte Magnum
11,5 g Hefe Safale S-04

Nährwerte p. P.

212 kcal
15 g Kohlenhydrate
0 g Fett
2 g Eiweiß

1 16 l Wasser auf 60 °C erhitzen und das Münchner Malz, das Wiener Malz, das Caramalz und das Melanoidinmalz auf dieser Temperatur einmaischen. Auf 57 °C runterkühlen und 10 Minuten rasten lassen.

2 Erhitzen Sie die Maische auf 63 °C und halten Sie eine 35-minütige Rast auf dieser Temperatur ein. Röstmalz hinzugeben und auf 72 °C erhöhen. 20 Minuten rasten. Auf 78 °C 10 Minuten rasten, dann abmaischen.

3 Maische im Läuterbottich für 20 Minuten ruhen lassen und den Braukessel säubern. Nachguss auf 78 °C erhitzen. Würze vom Treber läutern und den Nachguss vorsichtig auf den Treber geben. 10 Minuten ruhen lassen und dann abläutern.

4 Die Würze mit 14 g Spalter-Select-Hopfen schäumend kochen. 20 Minuten nach Kochbeginn 14 g Tettnanger- und 10 g Magnum-Hopfen hinzugeben. Weitere 70 Minuten kochen und im Whirlpool für mindestens 20 Minuten belassen.

5 Würze in den Gärtank geben und auskühlen lassen. Auf 20 °C über Nacht abkühlen lassen und die Hefe am selben Ort erwärmen lassen. Am nächsten Tag die Hefe in die Würze geben.

6 Die Gärung braucht ungefähr 5-6 Tage. Danach in Flaschen schlauchen und für 10 Tage bei Raumtemperatur nachgären lassen. Im Kühlschrank für mindestens 2 Wochen bei 3-5 °C aufrecht stehend lagern.

AMBER ALE

20 l.

4 Wo.

Mittel

Stammwürze: 13,25 °P, Hopfung: 32 IBU, Bierfarbe: 40 EBC

Zutaten

,4 kg Pale Ale Malz
640 g Cara-Amber-Malz
210 g Caramalz, Red
40 g Carafa Typ I
16 l Wasser (Hauptguss)
10 l Wasser (Nachguss)
16 g Hopfen (Pellets), Sorte Chinook
9 g Hopfen (Pellets), Sorte Willamette
17 g Hopfen (Pellets), Sorte Centennial
11,5 g Hefe, Safale US-05 (Fermentis)

Nährwerte p. P.

166 kcal
15 g Kohlenhydrate
0 g Fett
1 g Eiweiß

1 16 l Wasser auf 65 °C erhitzen und Malz einmaischen. Bei 68 °C 60 Minuten rasten lassen. Auf 76 °C erhitzen und Jodprobe entnehmen. Abmaischen, sobald die Jodprobe jodnormal ausfällt.

2 Im Läuterbottich für 20 Minuten ruhen lassen und unterdessen den Nachguss auf 76 °C erhitzen. Den Braukessel reinigen und mit dem Läutern beginnen. Den Nachguss sorgsam auf den Treber gießen und 10 Minuten ruhen lassen, bevor nochmals geläutert wird.

3 Die Würze zum Kochen bringen und nach 5 Minuten Kochzeit 16 g Chinook-Hopfen hinzugeben. Nach 50 Minuten Kochzeit 9 g Willamette-Hopfen hinzugeben und für 5 weitere Minuten mitkochen. 17 g Centennial-Hopfen in den Whirlpool geben und mindestens 20 Minuten ruhen lassen.

4 Füllen Sie die Würze in den Gärtank und lassen Sie ihn an einem dunklen Ort über Nacht auf 16 bis 21 °C abkühlen. Die Hefe am selben Ort aufwärmen lassen und am nächsten Tag hinzugeben. Für ca. 7 Tage gären lassen.

5 Jungbier bei erfolgter Hauptgärung schlauchen und mit Zucker in Flaschen abfüllen. Für 14 Tage bei ca. 21 °C nachgären lassen, dann für 1 Woche im Kühlschrank bei 3-5 °C reifen lassen.

SOMMERBIER

12 l.

8 Wo.

Leicht

Stammwürze: 9,5 °P, Hopfung: 27 IBU, Bierfarbe: 14 EBC

Zutaten

1,2 kg Pilsner Malz
1,4 kg Weizenmalz, hell
8 l Wasser (Hauptguss)
8 l Wasser (Nachguss)
20 g Hopfen (Pellets), Sorte Hallertauer Herkules
20 g Hopfen (Pellets), Sorte Hallertauer Perle
11,5 g Hefe Safbrew S-33 (Fermentis)

Nährwerte p. P.

864 kcal
33 g Kohlenhydrate
62 g Fett
32 g Eiweiß

1 Geben Sie 8 l Wasser in den Braukessel und erhitzen Sie es auf 45 °C. Das Malz einmaischen und für 15 Minuten rasten.

2 Auf 55 °C erhöhen und 10 Minuten rasten. Erhitzen Sie die Maische auf 66 °C, um eine weitere 45-minütige Rast einzulegen. Anschließend auf 73 °C für 30 Minuten halten. Bei 78 °C 5 Minuten abmaischen und in den Läuterbottich geben.

3 Während einer 20-minütigen Läuterruhe den Braukessel reinigen und den Nachguss auf 78 °C erhitzen. Läutern, danach den Nachguss vorsichtig auf den Treber gießen, ohne zu viel Treber aufzuwühlen. 10 Minuten ruhen lassen und abläutern.

4 Die Würze 45 Minuten lang kochen. 20 g Hallertauer Herkules zu Kochbeginn dazugeben. Erst 1 Minute vor Schluss die zweite Hopfengabe, 20 g Hallertauer Perle, hinzufügen.

5 Würze auskühlen lassen und in den Gärtank geben. Über Nacht auf 18-21 °C auskühlen lassen und Hefe aus dem Kühlschrank an demselben Ort erwärmen. Hefe am Folgetag zur Würze hinzugeben. Innerhalb von 5 Tagen sollte die Hauptgärung abgeschlossen sein.

6 Zur Nachgärung in Flaschen abfüllen und bei Raumtemperatur für ca. 10 Tage nachgären lassen. 4-6 Wochen im Kühlschrank aufrecht stehend nachreifen lassen.

HELLES STARKBIER

50 l.

8 Wo.

Mittel

Stammwürze: 16 °P, Hopfung: 28 IBU, Bierfarbe: 11 EBC

Zutaten

13,1 kg Pilsner Malz
600 g Pale Ale Malz
600 g Weizenmalz, hell
300 g Caramalz, hell
30 l Wasser (Hauptguss)
30 l Wasser (Nachguss)
65 g Hopfen (Pellets), Sorte Cintennial
15 g Hopfen (Pellets), Sorte Eldorado
35 g Hopfen (Pellets), Sorte Mosaic
35 g Hefe, Safale BE-256
250 g weißer Kandiszucker
10 g Koriander
5 g Gewürznelken
5 g schwarzer Pfeffer

Nährwerte p. P.

300 kcal
23 g Kohlenhydrate
0 g Fett
3 g Eiweiß

1 30 Liter Wasser im Braukessel auf 63 °C erhitzen. Malz einmaischen und 50 Minuten rasten lassen. Etwa 10 Minuten lang Hitze langsam erhöhen und auf 72 °C für 20 Minuten rasten.

2 Jodprobe entnehmen. Wenn sie jodnormal ausfällt, auf 78 °C erwärmen. Auf 78 °C 2 Minuten lang abmaischen.

3 Für 20 Minuten in den Läuterbottich geben und ruhen lassen. Erhitzen Sie den Nachguss auf 78 °C und säubern Sie den Braukessel für die Würze. Läutern Sie die Maische und geben Sie den Nachguss auf den Treber. Nochmals 10 Minuten ruhen lassen und dann abläutern.

4 Die Würze erhitzen, bis sie schäumend kocht. Nach 30 Minuten Kochzeit 65 g Centennial-Hopfen dazugeben. Weitere 50 Minuten kochen lassen und dann 15 g Eldorado-Hopfen für 10 Minuten mitkochen. Nach 5 Minuten 250 g weißen Kandiszucker und 35 g Mosaic-Hopfen mitkochen. Auch die Gewürze hinzufügen. Entfernen Sie den Trub im Whirlpool.

5 Kühlen Sie die Würze im Gärtank auf 16 °C (am besten über Nacht). Hefe am nächsten Tag dazugeben und im verschlossenen Tank für 2 Tage gären lassen. Erhöhen Sie die Temperatur am dritten Tag auf 20 °C. Nach etwa 7 Tagen ist die Hauptgärung abgeschlossen.

6 Die Temperatur auf 8 °C senken und 1 Tag ruhen lassen. Hefe ernten, Temperatur nochmals um 6 °C senken lassen und weitere 7 Tage ruhen lassen.

7 Schlauchen Sie das Bier und lassen Sie es für 5 Tage bei 0 °C kalt reifen. Danach bei 3-5 °C im Kühlschrank nachreifen lassen.

ALTDEUTSCHES HELLES

48 l.

6 Wo.

Leicht

Stammwürze: 12 °P, Hopfung: 25 IBU, Bierfarbe: 10 EBC

Zutaten

6 kg Pilsner Malz
3 kg Wiener Malz
500 g Caramalz, hell
200 g Sauermalz
30 l Wasser (Hauptguss)
30 l Wasser (Nachguss)
63 g Hopfen (Pellets), Sorte Perle
100 g Hopfen (Pellets), Sorte Saphir
100 g Hefe, Safale US-05 (Fermentis)

Nährwerte p. P.

205 kcal
12 g Kohlenhydrate
0 g Fett
2 g Eiweiß

1 Erhitzen Sie 30 Liter Wasser im Braukessel auf 60 °C und maischen Sie das Malz ein. Die erste Rast erfolgt bei 57 °C für 10 Minuten. Die Temperatur langsam auf 63 °C erhöhen und 40 Minuten rasten lassen.

2 Bei 73 °C für 20 Minuten rasten lassen. Langsam auf 78 °C erhitzen und abmaischen.

3 Transferieren Sie die Maische in den Läuterbottich und lassen Sie sie für 20 Minuten ruhen. In der Zwischenzeit reinigen Sie den Braukessel und erhitzen den Nachguss auf 78 °C. Würze läutern und den Nachguss auf den Treber gießen. Warten Sie 10 Minuten, bevor Sie den Nachguss läutern.

4 Die Würze im Braukessel schäumend kochen und 40 g Perle-Hopfen zu Beginn hinzugeben. Nach 50 Minuten Brauzeit 23 g Perle-Hopfen hinzugeben. Weitere 30 Minuten kochen, dann auf 80 °C im Whirlpool runterkühlen lassen und den Saphir-Hopfen hineingeben.

5 Die Würze in den Gärtank transferieren. Auf 15-20 °C über Nacht abkühlen und am nächsten Tag die Hefe großzügig über die Würze verteilen. Hochziehen und Gärtank verschließen.

6 Bei 20 °C 5-7 Tage gären lassen. Bei abgeschlossener Gärung das Bier in Flaschen füllen und für 10 Tage an einem ruhigen Ort nachgären lassen. Aufrecht stehend 2 Wochen lang im Kühlschrank (3-5 °C) lagern.

DUNKLE ROGGENWEISSE

19 l.

8 Wo.

Mittel

Stammwürze: 14 °P, Hopfung: 15 IBU, Bierfarbe: 40 EBC

Zutaten

2,5 kg Roggenmalz
1,9 kg Münchner Malz Typ I
500 g Caramünch Typ II
100 g Sauermalz
50 g Röstmalz
20 l Wasser (Hauptguss)
15 l Wasser (Nachguss)
14 g Hopfen (Pellets), Sorte Spalter Select
10 g Hopfen (Pellets), Sorte Cascade
20 g Hefe, Safale US-05 (Fermentis)

Nährwerte p. P.

220 kcal
16 g Kohlenhydrate
0 g Fett
2 g Eiweiß

1 20 Liter Brauwasser im Braukessel erhitzen und auf 42 °C das Malz 10 Minuten lang einmaischen. Erhöhen Sie die Temperatur auf 52 °C und halten Sie die Temperatur für 20 Minuten.

2 Die Maische auf 66 °C erhitzen und 40 Minuten rasten lassen. 10 Minuten lang stetig erhöhen, bis die Maische etwa 73 °C warm ist. 30 Minuten Verzuckerungsrast einhalten, dann bei 78 °C abmaischen.

3 Die Maische im Läuterbottich 15 Minuten lang ruhen lassen. Erhitzen Sie den Nachguss und säubern Sie den Braukessel. Maische läutern und den Nachguss dabei langsam und kontinuierlich auf den Treber gießen. Das Läutern dauert auf diese Art und Weise ungefähr 40 Minuten.

4 Die Würze 90 Minuten lang schäumend kochen. Nach 5 Minuten 14 g Spalter-Select-Hopfen hinzugeben und mitkochen. Nach dem Whirlpool auf 24 °C runterkühlen lassen.

5 Würze im Gärtank bei 24 °C mit Hefe versetzen. Geben Sie den Cascade-Hopfen in Leinensäckchen und stopfen Sie damit die Würze. Bei 19-21 °C im verschlossenen Gärtank für etwa 3 Tage gären lassen.

6 Nach abgeschlossener Hauptgärung das Bier schlauchen und in Flaschen abfüllen. Bei 20 °C für einen Tag nachgären lassen. Zum Schluss das Jungbier für 4 Wochen aufrecht stehend bei 5-6 °C im Kühlschrank lagern.

OATMEAL STOUT

20 l.

14 Wo.

Mittel

Stammwürze: 12 °P, Hopfung: 30 IBU, Bierfarbe: 48 EBC

Zutaten

3,8 kg Pale Ale Malz
500 g geröstete unvermälzte Gerste
1,4 kg Haferflocken
750 g Crystal-Malz
200 g Farbmalz
200 g Chocolate Malt
200 g Weizenmalz, hell
40 g Carafa Typ I
19 l Wasser (Hauptguss)
10 l Wasser (Nachguss)
71 g Hopfen (Pellets), Sorte Goldings
28 g Hopfen (Pellets), Sorte Liberty
43 g Hopfen (Pellets), Sorte Cascade
1 TL Irish Moss
11,5 g Hefe, London English Ale (Lallemand)

Nährwerte p. P.

214 kcal
18 g Kohlenhydrate
0 g Fett
2 g Eiweiß

1 19 Liter Wasser im Braukessel auf 70 °C erhitzen und das Malz sowie die Haferflocken einmaischen. Für 60 Minuten auf 68 °C rasten lassen.

2 Entnehmen Sie eine Jodprobe. Sollte diese jodnormal ausfallen, können Sie mit dem Abmaischen auf 78 °C beginnen. Falls nicht, nochmals 20 Minuten auf 68 °C rasten.

3 Maische im Läuterbottich 20 Minuten ruhen lassen. Kochen Sie den Nachguss auf 78 °C und säubern Sie den Braukessel. Würze läutern und den Nachguss vorsichtig nachschütten. 10 Minuten ruhen lassen, dann nochmals läutern.

4 Kochen Sie die Würze für 90 Minuten, so dass sie schäumt. 71 g Goldings-Hopfen und Irish Moss nach 30 Minuten dazugeben. 45 Minuten kochen lassen, dann 28 g Liberty-Hopfen hinzufügen. Nach Ende der Kochzeit 43 g Cascade-Hopfen in den Whirlpool geben.

5 Kühlen Sie die Würze auf etwa 20 °C und geben Sie die Hefe hinzu. Für 5-7 Tage zwischen 16 und 18 °C zugedeckt gären lassen.

6 Das Bier in Flaschen abfüllen und für 10 Tage nachgären lassen. Danach in den Kühlschrank geben und mindestens 8, am besten 12 Wochen bei 3-5 °C nachreifen lassen.

BELGISCHES DOUBLE

20 l.

6 Wo.

Mittel

Stammwürze: 15 °P, Hopfung: 27 IBU, Bierfarbe: 32 EBC

Zutaten

3 kg Pale Ale Malz
1,25 g Pilsner Malz
450 g Aroma-Malz 150
330 g Caramalz, belgisch
170 g Cara-Amber-Malz
17 l Wasser (Hauptguss)
12 l Wasser (Nachguss)
30 g Hopfen (Pellets), Sorte Perle
20 g Hopfen (Pellets), Sorte Saazer
11,5 g Hefe, Safale BE-256

Nährwerte p. P.

270 kcal
20 g Kohlenhydrate
0 g Fett
3 g Eiweiß

1 Erhitzen Sie 17 Liter Wasser im Braukessel auf 66 °C und beginnen Sie mit dem Einmaischen des Malzes. Auf 62 °C runterkühlen und 20 Minuten rasten.

2 Temperatur auf 71 °C erhöhen und 40 Minuten Rast einhalten. Bei 78 °C abmaischen.

3 Den Nachguss auf 78 °C erhitzen und 20 Minuten Maische im Läuterbottich ruhen lassen. Den Braukessel reinigen und Würze läutern. Den Nachguss vorsichtig auf den übrigen Treber geben und nach 10 Minuten nochmals läutern.

4 Die Würze 90 Minuten lang schäumend kochen. Nach 20 Minuten 15 g Perle-Hopfen hinzugeben und mitkochen. Geben Sie 15 Minuten vor Kochende weitere 15 g Perle-Hopfen zum Gemisch hinzu. 5 Minuten vor Kochende 20 g Saazer-Hopfen mitziehen lassen. Für den Whirlpool auf 80 °C abkühlen.

5 Würze auf 19-23 °C über Nacht auskühlen und die Hefe an einen ähnlich temperierten Ort geben. Hefe am nächsten Tag in die Würze geben.

6 Bei 19-23 °C für 5-6 Tage gären lassen. Schlauchen und in Flaschen abfüllen. Die Flaschen 10 Tage an einem dunklen Ort nachgären lassen und anschließend mindestens 2-4 Wochen im Kühlschrank aufrecht stehend lagern.

Zubereitungstipp: Eine passende Flüssighefe für dieses Rezept ist M47 Belgian Abbey.

HONEY ALE

29 l.

6 Wo.

Leicht

Stammwürze: 12 °P, Hopfung: 25 IBU, Bierfarbe: 35 EBC

Zutaten

1,5 kg Malzextrakt, leicht
500 g Malzextrakt, leicht, getrocknet
340 g Caramalz, gemahlen
225 g geröstetes Biskuit-Malz
500 g Honig
16 l Wasser (Hauptguss)
13 l Wasser (Nachguss)
45 g Hopfen (Pellets), Sorte Fuggles
45 g Hopfen (Pellets), Sorte Goldings
11,5 g Hefe, Windsor Dry Ale

Nährwerte p. P.

220 kcal
12 g Kohlenhydrate
0 g Fett
1 g Eiweiß

1 16 l Wasser im Braukessel erhitzen und bei 68 °C das Malz einmaischen. 30 Minuten rasten, dann Malzextrakt hinzugeben und nochmals 20 Minuten auf 68 °C rasten. Abmaischen bei 65 °C.

2 Maische in den Läuterbottich geben und 20 Minuten ruhen lassen. Unterdessen den Braukessel säubern und den Nachguss auf 65 °C erhitzen. Die Würze läutern und danach den Nachguss sorgsam auf den Treber gießen. 10 Minuten warten, dann den Läutervorgang erneut starten.

3 Kochen Sie die Würze so, dass sie schäumt. 45 g Goldings-Hopfen hinzugeben und 45 Minuten lang kochen. Fuggles-Hopfen hinzugeben und nochmals 5 Minuten kochen. Zum Schluss den Honig in die Würze geben und 5 Minuten kochen.

4 Die Würze nach 10 Minuten Whirlpool in den Gärtank gießen und über Nacht auskühlen lassen. Bei 26 °C die Hefe zur Würze geben. Bei 20 °C den Gärtank schließen und die Gärung starten. Sie sollte nach 5 Tagen vollendet sein.

5 Das Jungbier nach der Hauptgärung in Flaschen abfüllen und für 14 Tage an einem dunklen Ort bei Raumtemperatur nachgären lassen. Für zwei bis drei Wochen kühl (3-5 °C) lagern.

ALTFRÄNKISCHES BRAUNBIER

 28 l.

 6 Wo.

 Leicht

Stammwürze: 11,8 °P, Hopfung: 25 IBU, Bierfarbe: 20 EBC

Zutaten

3,25 kg Münchner Malz
1,65 kg Wiener Malz
250 g Weizenmalz, hell
125 g Caramalz, dunkel
28 g Röstmalz
16 l Wasser (Hauptguss)
5 l Wasser (vorgelegt im Läuterbottich)
13 l Wasser (Nachguss)
39 g Hopfen (Pellets), Sorte Perle
11,5 g Hefe, Safale S-04 (Fermentis)

Nährwerte p. P.

215 kcal
40 g Kohlenhydrate
0 g Fett
3 g Eiweiß

1 Erhitzen Sie 16 l Wasser im Braukessel auf 45 °C. Das Malz in den Kessel geben und einmaischen. Die Temperatur auf 55 °C erhöhen und für 10 Minuten rasten lassen.

2 Erhöhen Sie die Temperatur nochmals auf 63 °C und lassen Sie die Maische für 30 Minuten rasten. Bei 72 °C etwa 25 Minuten rasten, bis die Jodprobe jodnormal ausfällt. Währenddessen 5 l Wasser auf 78 °C erhitzen und im Läuterbottich vorlegen. Abmaischen bei 78 °C.

3 Die Maische im Läuterbottich 20 Minuten ruhen lassen. Den Nachguss auf 78 °C erhitzen und den Braukessel für die Würze säubern. Würze abläutern und den Nachguss auf den Treber geben. Das Ganze für 10 Minuten ruhen lassen, dann nochmals abläutern.

4 Die Würze für insgesamt 75 Minuten schäumend kochen. Nach 5 Minuten Kochzeit 13 g Hopfen hinzugeben und mitkochen. 11 g Hopfen 40 Minuten später hinzugeben. Die letzte Hopfengabe von 15 g erfolgt erst 5 Minuten vor

5 Kochende. Geben Sie die ausgekühlte Würze in den Gärtank und lassen Sie sie auf etwa 17 °C abkühlen, am besten über Nacht. Die Hefe auf eine ähnliche Temperatur aufwärmen lassen. Am nächsten Tag mit der Hefe versetzen. Bei 15-20 °C für etwa 3-4 Tage gären lassen.

6 Das Jungbier bei einer Stammwürze von ca. 4,7 °P schlauchen und in Flaschen abfüllen. Die Flaschen für 10 Tage bei Raumtemperatur nachgären lassen und dann für mindestens 4 Wochen im Kühlschrank bei 3-5 °C lagern.

BLONDE ALE

20 l. | 4 Wo. | Leicht

Stammwürze: 13,5 °P, Hopfung: 15 IBU, Bierfarbe: 8 EBC

Zutaten

450 g Haferflocken
320 g Maismehl
350 g Rundkornreis
13 l Wasser (Hauptguss)
11,5 l Wasser (Nachguss)
11 g Hopfen (Pellets), Sorte Perle
8 g Hopfen (Pellets), Sorte Spalter Select
4 g Hopfen (Pellets), Sorte Northern Brewer
9 g Orangenschale
8 g Koriandersamen
11,5 g Hefe, Safbrew S-33 (Fermentis)
1 Teelöffel Vanillezucker
97,5 g Vanillezucker (statt Zucker für die Karbonisierung)

Nährwerte p. P.

864 kcal
33 g Kohlenhydrate
62 g Fett
32 g Eiweiß

1 In einem separaten Topf 3 Liter Wasser mit Rundkornreis, Maismehl und Haferflocken für 10 Minuten kochen. 10 Liter Wasser im Braukessel erhitzen und bei 62 °C das Malz einmaischen. Die 3 Liter Sud hinzugeben, sodass die Temperatur auf 66 °C steigt. Für 65 Minuten ruhen lassen.

2 Erhitzen Sie die Maische auf 78 °C und lassen Sie sie 10 Minuten rasten. Jodprobe entnehmen. Bei 78 °C abmaischen, wenn die Jodprobe jodnormal ausfällt.

3 Maische im Läuterbottich für 20 Minuten in Läuterruhe lassen. Den Braukessel reinigen und 11,5 Liter Wasser für den Nachguss auf 78 °C erhitzen. Läutern Sie die Würze und geben Sie den Nachguss kontinuierlich auf den Treber, so dass keine Pause beim Läutern entsteht.

4 Erhitzen Sie die Würze im Braukessel, so dass sie schäumend kocht. 60 Minuten lang mit Perle- und Spalter-Select-Hopfen kochen. Unterdessen die Koriandersamen in eine Pfanne geben und kurz rösten. Geben Sie die Samen danach in einen Mörser und zerkleinern Sie sie. Nach etwa 50 Minuten Kochzeit gemeinsam mit der Orangenschale zur Würze geben. 5 Minuten vor Kochende 4 g Northern-Brewer-Hopfen zur Würze geben und mitkochen.

5 Insgesamt für 20-30 Minuten im Whirlpool ruhen.

6 Lassen Sie die Würze auskühlen und in den Gärtank laufen. Auf 20 °C abkühlen lassen, am besten über Nacht. Am nächsten Tag die Hefe hinzugeben. Die Gärung dauert etwa 8-10 Tage und endet, sobald sich der Stammwürzegehalt nicht mehr verändert.

7 Das Bier abfüllen. Statt wie gewöhnlich Trauben- oder Brauzucker zu verwenden, nehmen Sie ein wenig Vanillezucker, um das Bier zu schlauchen. Die Flaschen sollen bei Raumtemperatur für ca. 2 Wochen gären. Danach für 2-3 Tage bei 3-5 °C im Kühlschrank lagern und runterkühlen.

IMPERIAL STOUT

20 l.

10 Wo.

Schwer

Stammwürze: 19 °P, Hopfung: 128 IBU, Bierfarbe: 153 EBC

Zutaten

6,5 kg Pale Ale Malz
840 g Amber Malz
520 g Gerstenmalz
210 g Weizenmalz, dunkel
23,2 l Wasser (Hauptguss)
9,4 l Wasser (Nachguss)
52,2 g Hopfen (Pellets), Sorte Warrior
9 g Hopfen (Pellets), Sorte Willamette
17 g Hopfen (Pellets), Sorte Centennial
1 Packung Flüssighefe, Wyeast 1968

Nährwerte p. P.

355 kcal
36 g Kohlenhydrate
0 g Fett
2 g Eiweiß

1 Den Hefestarter 3 Tage vor dem Brauen ansetzen. Am Brautag 23,2 l Wasser im Braukessel auf 66 °C erhitzen und das Malz einmaischen. 70 Minuten bei 68 °C rasten. Bei 78 °C abmaischen.

2 Die Maische in den Läuterbottich geben und 20 Minuten ruhen lassen. Reinigen Sie den Braukessel und erhitzen Sie den Nachguss auf 78 °C. Würze läutern und anschließend den Nachguss auf den Treber geben. Für 10 Minuten ruhen lassen, dann abläutern.

3 Die geläuterte Würze 90 Minuten lang so kochen, dass sie schäumt. Den Hopfen von Anfang an mitkochen lassen. Abkühlen lassen und nach 10 Minuten Whirlpool in den Gärtank transferieren.

4 Lassen Sie die Würze über Nacht auf 17 °C abkühlen. Die Hefe am nächsten Tag in die Würze geben und für etwa 2 Wochen gären lassen. Zwischendurch die Stammwürze überprüfen. Sobald diese sich nicht mehr verändert, ist die Hauptgärung abgeschlossen.

5 Bier nach abgeschlossener Hauptgärung schlauchen und in Flaschen an einem dunklen Ort bei Raumtemperatur für 10 Tage nachgären lassen. Im Anschluss bei 3-5 °C für mindestens 6 Wochen lagern.

Serviertipp: Imperial Stout kann nach 6 Wochen Lagerung getrunken werden. Am besten schmeckt es aber nach einer wesentlich längeren Lagerzeit von bis zu 6 Monaten!

BARLEY WINE

15 l.

7 Mo.

Mittel

Stammwürze: 22,5 °P, Hopfung: 71 IBU, Bierfarbe: 40 EBC

Zutaten

2,97 kg Pale Ale Malz
1,01 g Wiener Malz
180 g Melanoidinmalz
240 g Special B Malz
59 g Pale Chocolate Malz
480 g Gerstenflocken
14,5 l Wasser (Hauptguss)
8,75 l Wasser (Nachguss)
23 g Hopfen (Pellets), Sorte Perle
18 g Hopfen (Pellets), Sorte Pacific Gem
28 g Hopfen (Pellets), Sorte Amarillo
14 g Hopfen (Pellets), Sorte Cascade
20 g Hopfen (Pellets), Sorte Perle
173 g Kandiszucker, weiß
11,5 g Hefe, Safale S-04

Nährwerte p. P.

330 kcal
24 g Kohlenhydrate
0 g Fett
3 g Eiweiß

1 14,5 l Wasser auf 55 °C erhitzen und das Malz sowie die Gerstenflocken einmaischen. Bei 63 °C für 15 Minuten rasten. Zweite Rast bei 68 °C für 60 Minuten einhalten.

2 Temperatur langsam auf 72 °C erhöhen und 15 Minuten rasten. Bei 78 °C abmaischen und in den Läuterbottich geben. 20 Minuten ruhen lassen und unterdessen den Nachguss auf 78 °C erhitzen. Reinigen Sie den Braukessel für die Würze.

3 Würze läutern und den Nachguss auf den Treber geben. 10 Minuten Ruhe geben, bevor abgeläutert wird. Die geläuterte Würze für 90 Minuten kochen und 23 g Perle-Hopfen sowie Kandiszucker bei Kochstart hinzugeben. Nach 50 Minuten 18 g Pacific-Gem-Hopfen mitkochen lassen. 20 Minuten vor Brauschluss 14 g Cascade- und 28 g Amarillo-Hopfen hinzugeben und mitkochen lassen. Erst in den letzten 10 Minuten 20 g Perle-Hopfen hinzufügen.

4 Die Würze auskühlen lassen und in den Gärtank geben. Über Nacht auf 21 °C abkühlen lassen und die Hefe aus dem Kühlschrank nehmen, um eine ähnliche Temperatur zu erzielen. Geben Sie die Hefe bei 21 °C Würze-Temperatur hinzu.

5 Das Jungbier für 2 Wochen gären lassen. Schlauchen und in Flaschen an einem dunklen Ort für 10 Tage nachgären lassen. Danach aufrecht stehend im Kühlschrank 6 Monate reifen lassen.

BROWN ALE

20 l. 8 Wo. Leicht

Stammwürze: 12,4 °P, Hopfung: 20 IBU, Bierfarbe: 35 EBC

Zutaten

2,5 kg Maris Otter Malt
600 g Cara-Amber-Malz
500 g Pale Ale Malz
200 g Caramalz, hell
120 g Chcoolate Malt
22 l Wasser (Hauptguss)
6,3 l Wasser (Nachguss)
17 g Hopfen (Pellets), Sorte Northern Brewer
13 g Hopfen (Pellets), Sorte Magnum
5 g Hopfen (Pellets), Sorte Lemondrop
6 g Thymian
11,5 g Hefe, Safale S-04

Nährwerte p. P.

395 kcal
36 g Kohlenhydrate
0 g Fett
2 g Eiweiß

1 22 Liter Wasser auf 68 °C erhitzen und 50 Minuten lang die Malzschüttung einmaischen. Auf 72 °C für 15 Minuten rasten.

2 Bei 78 °C eine weitere Rast für 10 Minuten einhalten und eine Jodprobe entnehmen. Abmaischen, sobald die Probe jodnormal ausfällt.

3 Die Maische im Läuterbottich 20 Minuten ruhen lassen. Unterdessen 6,3 Liter Wasser für den Nachguss auf 78 °C erhitzen. Den Braukessel reinigen und mit dem Läutern beginnen. Geben Sie den Nachguss kontinuierlich auf den Treber, sodass keine Pause entsteht.

4 Lassen Sie die Würze für 60 Minuten so kochen, dass sie schäumt. Bei Kochstart 17 g Northern Brewer und den Thymian dazugeben. Nach 50 Minuten Kochzeit 13 g Magnum-Hopfen hinzugeben. Mindestens 20 Minuten im Whirlpool bei 80 °C ruhen lassen.

5 Lassen Sie das Bier in den Gärtank laufen und kühlen Sie es auf 17-20 °C. Die Hefe aus dem Kühlschrank an einen ähnlich temperierten Ort geben. Bei ca. 18 °C in die Würze geben. Die Hauptgärung sollte in etwa 3-5 Tage dauern.

6 Den Lemondrop-Hopfen in einem kleinen Säckchen zum Jungbier geben und nochmals 2-3 Tage ruhen lassen. In Flaschen abfüllen und zur Nachgärung 10 Tage bei Raumtemperatur an einem dunklen Ort ruhen lassen.

7 Jungbier 4-5 Wochen bei 3-5 °C im Kühlschrank aufrecht stehend nachreifen lassen.

FRUCHTBIER

20 l.

7 Wo.

Mittel

Stammwürze: 16 °P, Hopfung: 55 IBU, Bierfarbe: 240 EBC

Zutaten

3,4 kg Pale Ale Malz
430 g Cara-Amber-Malz
210 g Röstmalz (1300-1500 EBC)
210 g Röstgerste
4,5 kg Sauerkirschen (sehr reif und dunkel)
16 l Wasser (Hauptguss)
10 l Wasser (Nachguss)
31 g Hopfen (Pellets), Sorte Chinook
9 g Hopfen (Pellets), Sorte Tettnanger
11,5 g Hefe, Safale US-05 (Fermentis)

Nährwerte p. P.

334 kcal
24 g Kohlenhydrate
0 g Fett
1 g Eiweiß

1 16 l Wasser auf 50 °C erhitzen. Malz einmaischen und 30 Minuten rasten lassen. Erhitzen Sie die Maische auf 68 °C und lassen Sie sie für 20 Minuten rasten.

2 Auf 76 °C aufheizen und auf Jodnormalität überprüfen. Sofern sie gegeben ist, abmaischen.

3 Maische für 20 Minuten ruhen lassen und den Nachguss auf 76 °C erhitzen. Braukessel säubern und Würze läutern. Den Nachguss vorsichtig auf den Treber geben und nach 10 Minuten Ruhephase ebenfalls läutern. Sauerkirschen waschen, stampfen und in ein Sieb geben. Den Kirschsaft dabei auffangen.

4 Die Würze gemeinsam mit dem Kirschsaft für 60 Minuten kochen. Das aufgefangene Fruchtfleisch für 15 Minuten in einem kochbaren Beutel in die Würze geben, dann herausnehmen. 31 g Chinook-Hopfen nach 20 Minuten zur Würze geben. Den Tettnanger-Hopfen 5 Minuten vor Kochende in die Würze geben.

5 Die Würze kühlen und in den Gärtank ablassen. Auf etwa 21 °C runterkühlen lassen. Die Hefe zur Würze geben. Den Beutel mit den Kirschen in den Gärtank hängen und verschließen. Für ca. 7 Tage gären lassen.

6 Sobald sich die Stammwürze nicht mehr verändert, das Jungbier schlauchen und mit Zucker versetzt in Flaschen abfüllen. 10 Tage nachgären lassen, dann für ca. 4 Wochen im Kühlschrank reifen lassen.

Zubereitungstipp: Wringen Sie den Beutel mit den Kirschen nicht im Gärbehälter aus, da sonst zu viel Pektin in das Jungbier geraten kann.

DOUBLE IPA

 18 l.  7 Wo.  Mittel

Stammwürze: 18 °P, Hopfung: 90 IBU, Bierfarbe: 20 EBC

Zutaten

3,65 kg Wiener Malz
1 kg Münchner Malz
1 kg Pilsner Malz
450 g Caramalz, hell
230 g Crystal-Malz
14 l Wasser (Hauptguss)
12 l Wasser (Nachguss)
82 g Hopfen (Pellets), Sorte Columbus
90 g Hopfen (Pellets), Sorte Simcoe
64 g Hopfen (Pellets), Sorte Centennial
11,5 g Hefe, Mangrove Jack's US West-Coast

Nährwerte p. P.

324 kcal
16 g Kohlenhydrate
0 g Fett
1 g Eiweiß

1 14 l Wasser im Braukessel auf 50 °C erhitzen. Malz einmaischen und auf 53 °C erhöhen. Für 10 Minuten eine Eiweißrast halten.

2 Erhöhen Sie die Temperatur der Maische langsam und unter ständigem Rühren auf 63 °C. Für 40 Minuten rasten lassen, dann auf 72 °C erhitzen und weitere 50 Minuten bei konstanter Temperatur ruhen lassen. Bei 78 °C abmaischen.

3 Erhitzen Sie den Nachguss auf 78 °C, während die Maische im Läuterbottich für 20 Minuten ruht. Den Braukessel reinigen und mit dem Läutern beginnen. Den Nachguss vorsichtig auf den Treber gießen und 10 Minuten ruhen lassen, bevor nochmals geläutert wird.

4 Für 80 Minuten lang die Würze schäumend kochen. Zu Kochbeginn 15 g Columbus-Hopfen und 15 g Centennial-Hopfen mitkochen. 13 g Columbus-Hopfen und 13 g Centennial-Hopfen im Whirlpool für 20 Minuten dazugeben.

5 Die Würze in den Gärtank geben und dort auf 20 °C runterkühlen lassen, am besten über Nacht. Die Hefe aus dem Kühlschrank nehmen und am selben Ort während der Kühlzeit lagern. Mit Hefe versetzen, Gärtank schließen und bei 18-20 °C ca. 7 Tage lang gären lassen.

6 Nach der Hauptgärung 54 g Columbus-Hopfen, 90 g Simcoe-Hopfen und 36 g Centennial-Hopfen in einem desinfizierten Musselin-Beutel zum Kaltstopfen dazugeben. Etwa eine Woche ziehen lassen, dann das Bier schlauchen und 2-3 Wochen bei Raumtemperatur nachgären lassen. Für 2 Wochen kühl (3-5 °C) lagern.

GOSE

25 l.

6 Wo.

Schwer

Stammwürze: 10,5 °P, Hopfung: 22 IBU, Bierfarbe: 6 EBC

Zutaten

4,4 kg Pilsner Malz
600 g Weizenmalz, hell
25 l Wasser (Hauptguss)
14,5 l Wasser (Nachguss)
13 g Koriander
10 g Kochsalz
45 g Hopfen (Pellets), Sorte Perle
35 g Hefe, WLP 677 Lactobacillus Bacteria (White Labs)
35 g Hefe, WLP566 Belgian Saison II (White Labs)

Nährwerte p. P.

155 kcal
14 g Kohlenhydrate
0 g Fett
1 g Eiweiß

1 Den Hefestarter 3 Tage vor Braubeginn ansetzen.

2 Geben Sie 25 Liter Wasser in den Braukessel und erhitzen Sie es auf 61 °C. Malz einmaischen und auf 53 °C abkühlen lassen. 15 Minuten rasten lassen.

3 Zweite Rast bei 62 °C für 30 Minuten einhalten. Die Maische auf 67 °C erhitzen und 60 Minuten rasten lassen. Entnehmen Sie eine Jodprobe und maischen Sie ab, sobald diese jodnormal ausfällt.

4 Den Braukessel reinigen, während die Maische im Läuterbottich für 15 Minuten ruht. 14,5 Liter Wasser für den Nachguss erhitzen. Läutern und den Nachguss kontinuierlich und vorsichtig zur Würze geben.

5 Kochen Sie die Würze schäumend für insgesamt 60 Minuten. Zu Kochbeginn 15 g Perle-Hopfen sowie Kochsalz, Koriander und 35 g Lactobacillus hinzugeben. 10 Minuten vor Kochende weitere 30 g Perle-Hopfen hinzufügen.

6 Die Würze in den Gärtank geben und auf 20 °C runterkühlen lassen. Die Hefe hinzugeben und den Gärtank verschließen. Die Hauptgärung braucht ungefähr 5-6 Tage und endet, wenn der Stammwürzegehalt sich nicht mehr ändert.

7 Jungbier in Flaschen füllen und für 4-5 Wochen bei Raumtemperatur nachgären lassen. 2 Wochen im Kühlschrank reifen lassen.

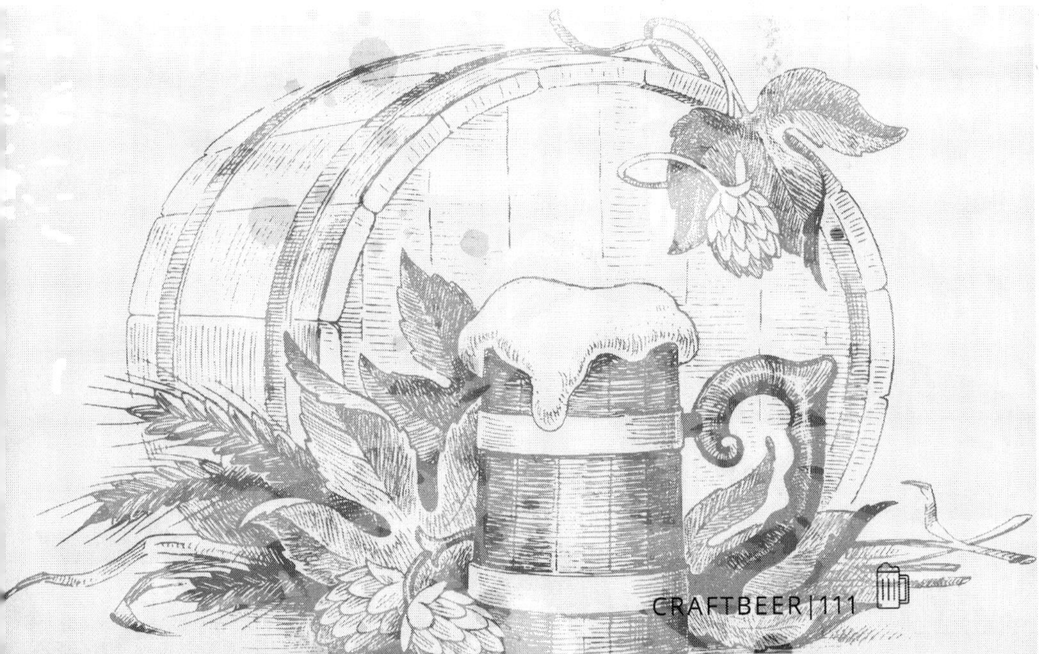

COFFEE IMPERIAL STOUT

20 l.

6 Mo.

Schwer

Zutaten

7,5 kg Weizenmalz, hell
630 g Crystal-Malz, dunkel
310 g Chocolate Malt
310 g Röstgerstenmalz
15 l Wasser (Hauptguss)
10 l Wasser (Nachguss)
25 g Hopfen (Pellets), Sorte Chinook
50 g Hopfen (Pellets), Sorte Galena
25 g Hopfen (Pellets), Sorte First Gold
18,8 g Kaffeebohnen
1 Pkg Flüssighefe, Wyeast 1056 - American Ale
312,5 g Dunkler Muscovado-Zucker (zum Abfüllen)

Nährwerte p. P.

355 kcal
36 g Kohlenhydrate
0 g Fett
2 g Eiweiß

Stammwürze: 20 °P, Hopfung: 65 IBU, Bierfarbe: 97 EBC

1 Etwa 3 Tage vor dem Brauen einen Hefestarter ansetzen. Am Brautag 15 l Wasser auf 64 °C erhöhen und 90 Minuten alle Malzsorten einmaischen. Abmaischen, sobald die Jodprobe jodnormal ausfällt.

2 Die Maische für 20 Minuten im Läuterbottich ruhen lassen und den Nachguss auf 64 °C erhitzen. Reinigen Sie den Braukessel und beginnen Sie mit dem Läutern der Würze. Nachdem Sie den Nachguss auf den Treber gegossen haben, nochmals 10 Minuten warten, ehe Sie erneut läutern.

3 Den Kaffee fein mahlen. Die geläuterte Würze erhitzen, so dass sie schäumend kocht. 25 g Chinook- und 25 g Galena-Hopfen in die Würze geben und für 90 Minuten kochen. 25 g Galena-Hopfen und 25 g First-Gold-Hopfen 10 Minuten vor Kochschluss gemeinsam mit etwa der Hälfte des gemahlenen Kaffees (9,4 g) zur Würze geben.

4 Im Whirlpool 9,4 g Kaffee beigeben. Die Würze auskühlen lassen und in den Gärtank ablassen. Dort auf ca. 19 °C runterkühlen lassen.

5 Setzen Sie die Hefe im Gärtank zu und lassen Sie das Jungbier mindestens 1 Woche gären. Die Gärung sollte in ca. 9-10 Tagen erfolgt sein. Bei erfolgter Gärung mit dem Muscovado-Zucker statt Brauzucker in Flaschen abfüllen und für 2 Wochen nachgären lassen. Die Reifung braucht in etwa 4 Monate.

Serviertipp: Das Bier schmeckt hervorragend zu süßen Nachspeisen, wie Schokoladen-Brownies, aber auch zu würzigem Essen (z. B. frittiertes Hühnchen).

ROTE-ROSEN-ALE

 20 l.

 8 Wo.

 Mittel

Stammwürze: 11,5 °P, Hopfung: 28 IBU, Bierfarbe: 5,4 EBC

Zutaten

2,5 kg Pale Ale Malz
2 kg Weizenmalz, hell
15 l Wasser (Hauptguss)
10 l Wasser (Nachguss)
25 g Hopfen (Pellets), Sorte Chinook
40 g Hopfen (Pellets), Sorte Amarillo
10 g Hefe, Mangrove Jack's M36 Liberty Bell Ale
200 g Rosenblüten

Nährwerte p. P.

2012 kcal
17 g Kohlenhydrate
0 g Fett
0 g Eiweiß

1 15 l Wasser im Braukessel auf 63 °C erhitzen und das Malz für 40 Minuten einmaischen. Auf 72 °C erhitzen und 20 Minuten rasten lassen. Bei 78 °C abmaischen.

2 Transferieren Sie die Maische in den Läuterbottich und säubern Sie den Braukessel. 20 Minuten Läuterruhe einhalten und den Nachguss auf 78 °C erhitzen. Maische läutern, den Nachguss vorsichtig auf den Treber gießen und dann abläutern.

3 Die Würze 60 Minuten lang schäumend kochen. 12,5 g Chinook-Hopfen nach einer halben Stunde Kochzeit hinzugeben, weitere 12,5 g desselben 10 Minuten vor Kochende. 5 Minuten vor Kochschluss 40 g Amarillo-Hopfen mitziehen lassen.

4 Geben Sie 100 g Rosenblüten bei 80 °C für 30 Minuten in den Whirlpool. Würze runterkühlen lassen und an einem dunklen Ort über Nacht lagern. Die Hefe sollte bei etwa 18-23 °C angestellt werden.

5 Hefe zur Würze geben und dann verschlossen 5-7 Tage gären lassen.

6 Sobald die Hauptgärung abgeschlossen ist, die restlichen 100 g Rosenblüten für 5 Tage in den Gärtank geben und mitziehen lassen. Das Bier schlauchen, abfüllen und an einem dunklen Ort bei Raumtemperatur für 10 Tage nachgären lassen.

7 Für mindestens 2 Wochen das Bier im Kühlschrank aufrecht stehend reifen lassen. Nach 6 Wochen sollte es seinen voll ausgereiften Geschmack entwickelt haben.

Zubereitungstipp: Da die Rosenblüten einen sehr zarten Geschmack haben, lohnt es sich, bei der Hopfenabmessung besonders vorsichtig zu sein. Das Bier schmeckt sonst schnell zu stark und übertüncht die Aromen.

INGWER-KORIANDER-BIER

20 l.

4 Wo.

Leicht

Stammwürze: 10,5 °P, Hopfung: 18,6 IBU, Bierfarbe: 9,9 EBC

Zutaten

900 g Malzextrakt, flüssig
2,2 kg Weizenmalz
500 g Haferflocken
17 l Wasser (Hauptguss)
9 l Wasser (Nachguss)
28 g Hopfen (Dolden), Sorte Goldings
30 g Koriander
30 g Ingwerwurzel
20 g getrocknete Orangenschale
10 g Hefe, Mangrove Jack's M36 Liberty Bell Ale

Nährwerte p. P.

175 kcal
15 g Kohlenhydrate
0 g Fett
0 g Eiweiß

1 Ingwerwurzeln hacken und Koriandersamen im Mörser zerstoßen. 10 Liter Wasser im Braukessel auf 77 °C erhitzen. Haferflocken in einen Getreidesack füllen und für 30 Minuten im Wasser bei konstanter Temperatur einweichen lassen.

2 Den Beutel herausnehmen, Malzextrakt und Malz einmaischen. 7 Liter Wasser hinzugeben und auf 64 °C für 20 Minuten runterkühlen. Bei 72 °C abmaischen und in den Läuterbottich geben.

3 Nachguss erhitzen, während die Maische für 20 Minuten im Läuterbottich ruht. Den Braukessel reinigen und mit dem Läutern beginnen. Kontinuierlich den Nachguss hinzugeben und mitläutern.

4 Die Würze aufkochen lassen und den Hopfen hinzufügen. 60 Minuten lang schäumend kochen. 10 Minuten vor Ende der Kochzeit den Ingwer, 5 Minuten davor Koriander und Orangenschale hinzufügen. Nach Kochzeit und Whirlpool Würze auf ca. 20 °C im Gärtank runterkühlen.

5 Die Hefe zur Würze geben und alles für 7-10 Tage gären lassen. Nach 5 Tagen die Temperatur auf 22 °C erhöhen.

6 Das Bier schlauchen und für 10 Tage an einen dunklen Ort zur Nachgärung geben. Im Kühlschrank mindestens 2 Wochen aufrecht stehend nachreifen lassen.

OLD WORLD INDIAN PALE

20 l.

5 Wo.

Leicht

Stammwürze: 17,25 °P, Hopfung: 80 IBU, Bierfarbe: 50 EBC

Zutaten

6,25 kg Maris Otter Malz, extra hell
250 g Amber-Malz
250 g Crystal-Malz (150)
15 l Wasser (Hauptguss)
10 l Wasser (Nachguss)
112,5 g Hopfen (Pellets), Sorte Bramling Cross
50 g Hopfen (Pellets), Sorte First Gold
11,5 g Hefe, Safale US-0(Fermentis)

Nährwerte p. P.

250 kcal
18 g Kohlenhydrate
0 g Fett
1 g Eiweiß

1 Kriek15 l Wasser im Braukessel auf 65 °C erhitzen und das Malz einmaischen. Für 60 Minuten rasten lassen. Jodprobe entnehmen und sobald diese jodnormal ausfällt, abmaischen.

2 Maische im Läuterbottich für 20 Minuten ruhen lassen. Den Nachguss auf 65 °C erhitzen und den Braukessel gründlich säubern. Würze vom Treber läutern und den Nachguss auf den übrigen Treber geben. 10 Minuten warten, dann ebenfalls läutern.

3 Die geläuterte Würze 60 Minuten lang schäumend kochen. Zu Beginn der Kochzeit 62,5 g Bramling-Cross-Hopfen hinzugeben. 10 Minuten vor Ende die übrigen 50 g Bramling-Cross- und 50 g First-Gold-Hopfen mitkochen lassen.

4 Die Würze im Gärtank auf ca. 22 °C runterkühlen lassen, am besten über Nacht. Hefe bei Raumtemperatur aufwärmen lassen. Am nächsten Tag die Hefe zur Würze geben.

5 Die Gärung sollte innerhalb von 5-10 Tagen abgeschlossen sein. Das Jungbier in Flaschen mit Zucker abfüllen und 2 Wochen bei 20 °C nachgären lassen. Für weitere 2 Wochen im Kühlschrank aufrecht stehend bei 3 bis 5 °C reifen lassen.

KRIEK

20 l.

6 Wo.

Mittel

Stammwürze: 14 °P, Hopfung: 12 IBU, Bierfarbe: 39 EBC

Zutaten

16 l Wasser (Hauptguss)
7 l Wasser (Nachguss)
2,8 kg Pilsner Malz
340 g Weizenmalz
340 g Sauermalz
650 g Weizen-Rohfrucht
23 g Hopfen (Pellets), Sorte Perle
500 ml Kirschsirup
500 g Sauerkirschen
340 g Laktose
1 Vanilleschote
10 g Hefe, Mangrove Jack's M21

Nährwerte p. P.

270 kcal
15 g Kohlenhydrate
0 g Fett
2 g Eiweiß

1 16 l Wasser auf 55 °C erhitzen. Das Malz und die Weizen-Rohfrucht einmaischen und 5 Minuten rasten lassen. Langsam und stetig auf 67 °C erhöhen und für 70 Minuten rasten.

2 Jodprobe entnehmen. Sobald sie jodnormal ausfällt, auf 76 °C abmaischen. Im Läuterbottich 20 Minuten ruhen lassen und unterdessen den Nachguss auf 76 °C erhitzen. Reinigen Sie den Braukessel und beginnen Sie mit dem Läutern.

3 Den Nachguss vorsichtig auf den Treber geben und 10 Minuten ruhen lassen, dann nochmals läutern.

4 Die Würze 90 Minuten kochen und zu Beginn 23 g Perle-Hopfen hinzufügen. 20 Minuten vor Ende der Kochzeit 340 g Laktose und die Vanilleschote hinzugeben. 500 ml Kirschsirup nach dem Kochen hinzufügen und Whirlpool starten.

5 Würze in den Gärtank filtern und über Nacht auf 21 °C auskühlen lassen. Die Hefe am selben Ort aufwärmen lassen. Am nächsten Tag die Würze mit Hefe versetzen. Gärtank verschließen und für etwa 1 Woche gären lassen.

6 Sobald die Hauptgärung abgeschlossen ist, die Kirschen abtropfen und in den Gärtank geben. Für weitere 7 Tage ziehen lassen, dann alles schlauchen. Mit Zucker in Flaschen abfüllen und 7 Tage an einem dunklen Ort nachgären lassen. Bei etwa 3 °C im Kühlschrank mindestens 3 Wochen ziehen lassen.

MILK STOUT

20 l. 12 Wo. Leicht

Stammwürze: 16,5 °P, Hopfung: 24 IBU, Bierfarbe: 282 EBC

Zutaten

3,1 kg Maris Otter Malz
340 g Münchner Malz
454 g Röstgerste
227 g Haferflocken
340 g Caramalz, hell
284 g Gersteflocken
250 g Carafa Spezial II (Röstmalz)
7 g Hopfen (Pellets), Sorte Magnum
20 g Hopfen (Pellets), Brewers Gold
450 g Laktose
15 l Wasser (Hauptguss)
15 l Wasser (Nachguss)
Bei Bedarf: 150-200 g Trockenmalz oder Malzextrakt
11,5 g Hefe, Safale S-04

Nährwerte p. P.

280 kcal
20 g Kohlenhydrate
0 g Fett
2 g Eiweiß

1 Erhitzen Sie 15 l Wasser auf 72 °C. Das Malz und die Flocken einmaischen. Temperatur auf 66 °C runterbringen und 75 Minuten lang rasten lassen. Bei 78 °C abmaischen.

2 Lassen Sie die Maische im Läuterbottich 20 Minuten ruhen, bevor Sie mit dem Läutern beginnen. In dieser Zeit den Braukessel reinigen und den Nachguss auf 78 °C erhitzen. Beginnen Sie mit dem Läutern und geben Sie den Nachguss auf den übrigen Treber. Nochmals 10 Minuten ruhen, dann abläutern.

3 Die Würze für insgesamt 70 Minuten wallend kochen. 7 g Magnum-Hopfen zu Kochbeginn hinzugeben und mitkochen lassen. 20 g Brewers-Gold-Hopfen und die Laktose 10 Minuten vor Kochende mitkochen.

4 Lassen Sie die Würze auf etwa 20 °C im Gärtank abkühlen. Die Hefe aus dem Kühlschrank nehmen und an einem ähnlich temperierten Ort bis zum nächsten Morgen lagern.

5 Geben Sie die Hefe zur Würze. Gärtank verschließen und 8-10 Tage bei ca. 20 °C gären lassen.

6 Überprüfen Sie den Geschmack des Stouts und geben Sie bei Bedarf 150-200 g Malzextrakt zum Würzen hinzu. Das Bier abfüllen und die Flaschen verschließen. 2 Wochen lang an einem dunklen Ort bei Raumtemperatur nachgären lassen und anschließend für etwa 6-8 Wochen im Kühlschrank (3-5 °C) aufrecht stehend reifen lassen.

VANILLA CREAM ALE

21 l.

6 Wo.

Mittel

Zutaten

3,1 kg Pale Ale Malz
900 g Weizenmalz
220 g geflockter Mais
220 g Crystal-Malz
220 g Carapils
110 g Weizenflocken
340 g Honig
21 l Wasser (Hauptguss)
17 l Wasser (Nachguss)
30 g Hopfen (Pellets), Sorte Cascade
15 g Hopfen (Pellets), Sorte Saazer
11,5 g Hefe, Safeale US-05 (Fermentis)
5 g Servomyces Hefenahrung
100 g Vanilleextrakt

Nährwerte p. P.

300 kcal
23 g Kohlenhydrate
0 g Fett
1 g Eiweiß

Stammwürze: 14 °P, Hopfung: 19,4 IBU, Bierfarbe: 9 EBC

1 14 l Wasser auf 68 °C erhitzen und das Malz sowie die Flocken einmaischen. Auf 63 °C für 75 Minuten rasten lassen.

2 Erhitzen Sie 7 l Wasser auf 100 °C und geben Sie das Wasser zur Maische. Hierdurch sollte sich eine Temperatur von 72 °C ergeben. Für 15 Minuten rasten lassen, dann abmaischen bei 78 °C.

3 Maische in den Läuterbottich geben und 20 Minuten ruhen lassen. Erhitzen Sie den Nachguss auf 78 °C und reinigen Sie den Braukessel. Läutern, dann den Nachguss langsam auf den Treber geben und ein weiteres Mal läutern.

4 Die Würze für 90 Minuten wallend kochen. Nach einer halben Stunde Kochzeit 15 g Cascade-Hopfen hinzufügen. 20 Minuten vor Kochschluss weitere 15 g Cascade-Hopfen mitkochen lassen.

5 Die Hefenahrung für 15 Minuten mitkochen. In den letzten 5 Minuten Kochzeit 15 g Saazer-Hopfen hinzufügen. Nach Kochende das Vanilleextrakt und den Honig in die Würze geben und den Whirlpool starten.

6 Die Würze in den Gärtank filtern und über Nacht auf ca. 20 °C abkühlen lassen. Geben Sie zum Gärstart die Hefe in die Würze und verschließen Sie den Gärtank. Für 7-10 Tage gären lassen und dann in Flaschen abfüllen.

7 Das Jungbier für 3 Wochen an einem dunklen Ort bei 20 °C nachgären lassen. 5 Wochen bei 3-5 °C im Kühlschrank reifen lassen und dann verzehren.

Zubereitungstipp: Für noch mehr Vanillegeschmack kann das Jungbier auch nach der Hauptgärung mit 3 aufgeschnittenen Vanilleschoten gestopft werden und so 7 Tage lang ziehen.

BLOOD ORANGE IPA

19 l.

8 Wo

Leicht

Zutaten

4 kg Pale Ale Malz
600 g Cara-Amber-Malz
600 g Cara-Aroma-Malz
800 g Roggenmalz
12,5 l Wasser (Hauptguss)
12,5 l Wasser (Nachguss)
56 g Hopfen (Pellets), Sorte Pacific Jade
16 g Hopfen (Pellets), Sorte Citra
20 g Hopfen (Pellets), Sorte Simcoe
8 Blut-Orangen
1 Liter Orangensirup
11,5 g Hefe, Safale S-04

Nährwerte p. P.

275 kcal
16 g Kohlenhydrate
0 g Fett
1 g Eiweiß

Stammwürze: 16,25 °P, Hopfung: 63 IBU, Bierfarbe: 32 EBC

1 12,5 l Wasser auf 66 °C erhitzen und Malzsorten einmaischen. Für 60 Minuten rasten lassen und die Orangen schälen. Die Schale nicht wegschmeißen, da diese in der Würze mitgekocht wird. Auf 76 °C erhitzen und 10 Minuten rasten, dann bei 78 °C abmaischen.

2 Maische im Läuterbottich 20 Minuten ruhen lassen und Nachguss auf 78 °C erhitzen. In den gereinigten Braukessel läutern. Geben Sie den Nachguss auf den Treber, ohne ihn zu sehr aufzuwühlen, und läutern Sie nach 10 Minuten Ruhezeit.

3 Die Würze für 90 Minuten schäumend kochen. Nach einer halben Stunde 20 g Pacific-Jade-, 8 g Citra- und 8 g Simcoe-Hopfen zur Würze geben und mitkochen. 15 Minuten vor Kochende weitere 8 g Pacific-Jade- und 8 g Citra-Hopfen hinzugeben. Bei Kochende Blutorangenschalen, 28 g Pacific-Jade- und 12 g Simcoe-Hopfen in die Würze geben und Whirlpool starten.

4 Die Würze in den Gärtank filtern und auf etwa 20 °C abkühlen lassen. Hefe hinzugeben und nach 10 Tagen Erstvergärung das Bier mit Orangensirup versetzen und nochmals 10 Tage gären lassen.

5 Das Bier in Flaschen abfüllen und 10 Tage bei 20 °C an einem dunklen Ort lagern. Für die Reifung 4-6 Wochen bei 3-5 °C im Kühlschrank lagern.

ALKOHOLFREIES MALZBIER

15 l.

6 Wo.

Mittel

Zutaten

2,5 kg Pale Ale Malz
10 l Wasser (Hauptguss)
10 l Wasser (Nachguss)
40 g Hopfen (Pellets), Sorte Cascade
11,5 g Hefe, Safale US-05 (Fermentis)

Nährwerte p. P.

205 kcal
46 g Kohlenhydrate
0 g Fett
1 g Eiweiß

Stammwürze: 11,7°P, Hopfung: 35IBU, Bierfarbe: 35EBC

1 10 Liter Wasser im Braukessel auf 55 °C erwärmen. Das Malz hinzugeben und bei 50 °C einmaischen. 15 Minuten lang rasten.

2 Erhöhen Sie die Temperatur auf 65 °C und legen Sie eine weitere Rast für 20 Minuten ein.

3 Maische auf 70 °C erhitzen und 30 Minuten rasten lassen. Bei 78 °C abmaischen und in den Läuterbottich geben.

4 Während der 20 Minuten Läuterruhe den Braukessel spülen und 10 l Wasser für den Nachguss auf 78 °C erhitzen. Läutern Sie die Würze und geben Sie dann den Nachguss auf den Treber. Warten Sie 5-10 Minuten, ehe Sie den Nachguss abläutern.

5 Kochen Sie die Würze, bis sie schäumt, und geben Sie nach 10 Minuten 20 g Hopfen hinzu. 50 Minuten kochen lassen, dann nochmals 12 g Hopfen hinzufügen. 10 Minuten kochen lassen, dann 8 g Hopfen in den Whirlpool geben.

6 Lassen Sie die Würze in den Gäreimer ab und stellen Sie ihn an einen ruhigen Ort. Auf 18-20 °C runterkühlen lassen, am besten über Nacht. Die Hefe an denselben Ort geben, um aufzuwärmen.

7 Hefe über die Würze streuen und 30 Minuten rehydrieren lassen, dann mit einer Küchenkelle aufziehen. Gärtank verschließen und für 5 Tage gären lassen. Nach der Hauptgärung direkt in Flaschen abfüllen und den Gärprozess unterbrechen. Dies geschieht, indem Sie ein Wasserbad mit ca. 65 °C warmem Wasser vorbereiten und die Flaschen dort vorsichtig hineingeben. Die Gärung wird durch die Hitze unterbrochen und das Wasser kühlt mit der Zeit auf ca. 30 °C runter. Sobald das Malzbier auf 30 °C runtergekühlt ist, ist es fertig und kann zur Reifung für 5-6 Wochen aufrecht stehend im Kühlschrank gelagert werden.

HIMBEERWEIZENBIER

20 l.

8 Wo.

Leicht

Zutaten

2,1 kg Pilsner Malz
2,1 kg Weizenmalz, hell
17 l Wasser (Hauptguss)
10,5 l Wasser (Nachguss)
30 g Hopfen (Pellets), Sorte Hüll Melon
11,5 g Mangrove Jack's M20 Bavarian Wheat
2 kg Himbeeren

Nährwerte p. P.

201 kcal
18 g Kohlenhydrate
0 g Fett
2 g Eiweiß

Stammwürze: 12,5 °P, Hopfung: 16 IBU, Bierfarbe: 9 EBC

1 7 l Wasser im Braukessel auf 56 °C erhitzen und das Malz einmaischen. Bei 52 °C für 15 Minuten rasten lassen.

2 Erhöhen Sie die Temperatur stetig über 10 Minuten hinweg auf 62 °C. 40 Minuten Rast einhalten, dann auf 71 °C erhitzen und nochmals 20 Minuten rasten. Bei 78 °C abmaischen.

3 Geben Sie die Maische in den Läuterbottich und reinigen Sie den Braukessel während einer 20-minütigen Läuterruhe. Den Nachguss auf 78 °C erhitzen und mit dem Läutern beginnen. Vorsichtig auf den Treber geben und nochmals läutern.

4 Würze für ca. 70 Minuten wallend kochen und 15 g Hopfen zu Kochbeginn dazugeben. 10 Minuten vor Kochende weitere 15 g Hopfen hinzufügen. Lassen Sie die Würze abkühlen und geben Sie sie über Nacht im Gärtank an einen ruhigen Ort.

5 Die Hefe bei 20-24 °C zur Würze geben. Die Hauptgärung braucht in etwa 7-10 Tage und sollte bei verschlossenem Gärtank an einem dunklen Ort erfolgen. Nach abgeschlossener Hauptgärung wird das Jungbier mit 2 kg Himbeeren gestopft und nochmals 7 Tage in Ruhe gelassen.

6 Das Jungbier in Flaschen schlauchen und zur Nachgärung 10 Tage bei Raumtemperatur lagern. Im Anschluss bei 3-5 °C für 2-3 Wochen reifen lassen.

BROWN AMARILLO

25 l.

6 Wo.

Leicht

Zutaten

22 l Wasser (Hauptguss)
10,8 l Wasser (Nachguss)
3,5 kg Weizenmalz, hell
1,5 kg Pilsner Malz
700 g Cara-Amber-Malz
500 g Wiener Malz
50 g Röstgerste
30 g Chocolate Malt
50 g Hopfen (Pellets), Sorte Amarillo
11,5 g Hefe, Safale S-04

Nährwerte p. P.

230 kcal
13 g Kohlenhydrate
0 g Fett
2 g Eiweiß

Stammwürze: 12,1 °P, Hopfung: 33 IBU, Bierfarbe: 46 EBC

1 22 l Wasser auf 47 °C erhitzen und Malz einmaischen. Bei 45 °C 15 Minuten rasten. Die Temperatur langsam und stetig auf 63 °C erhöhen und nochmals 45 Minuten rasten.

2 Erhitzen Sie die Maische auf 72 °C und lassen Sie sie 30 Minuten rasten. Für 1 Minute auf 78 °C rasten, dann abmaischen, sofern die Jodprobe jodnormal ausfällt.

3 Im Läuterbottich 20 Minuten ruhen lassen, den Braukessel reinigen und den Nachguss auf 78 °C erhitzen. Läutern und den Nachguss auf den Treber geben. 10 Minuten ruhen lassen, ehe abgeläutert wird.

4 10 g Amarillo-Hopfen in die Würze geben und kochen, bis sie wallend ist. Weitere 10 g Hopfen beim Kochstart zugeben. 60 Minuten lang kochen lassen und eine weitere Hopfengabe von 10 g durchführen. Für 10 Minuten kochen lassen. Geben Sie die übrigen 20 g Hopfen im Whirlpool zur Würze.

5 Die Würze filtern und im Gärtank auf ca. 20 °C abkühlen lassen. Die Hefe zur Würze geben und 5-7 Tage für die Hauptgärung an einen ruhigen und dunklen Ort geben. Jungbier in Flaschen abfüllen und nach 10 Tagen Nachgärungszeit für 2-3 Wochen im Kühlschrank reifen lassen.

BELGISCHES TRIPLE

22 l.

10 Wo.

Schwer

Stammwürze: 19,9 °P, Hopfung: 38 IBU, Bierfarbe: 9 EBC

Zutaten

6,35 kg Pilsner Malz
1 kg Kandiszucker
1 Pkg Flüssighefe, WYEAST 3787, Trappist High Gravity
20 l Wasser (Hauptguss)
13,4 l Wasser (Nachguss)
114 g Hopfen (Pellets), Sorte Saazer
28 g Hopfen (Pellets), Sorte Hallertauer Mittelfrüh

Nährwerte p. P.

320 kcal
18 g Kohlenhydrate
0 g Fett
2 g Eiweiß

1 Hefestarter 3 Tage vor dem Brauen ansetzen. Am Brautag 20 Liter Wasser auf 38 °C erhitzen. Malz und Zucker einmaischen und auf 50 °C erhitzen. Für 15 Minuten rasten lassen.

2 Maische langsam auf 55 °C erhitzen und für 15 Minuten die Temperatur halten. Anschließend auf 62 °C erhitzen und 30 Minuten rasten lassen. Eine weitere Rast bei 65 °C einlegen, diesmal für 90 Minuten.

3 Auf 77 °C erwärmen und 15 Minuten rasten. Entnehmen Sie eine Jodprobe und maischen Sie ab, sobald diese jodnormal ausfällt.

4 Maische im Läuterbottich 20 Minuten ruhen lassen und den Braukessel reinigen. Nachguss auf 77 °C erhitzen. Nach dem Läutern den Nachguss vorsichtig auf den Treber gießen und nochmals für 20 Minuten ruhen lassen. Abläutern und die Würze zum Kochen bringen.

5 180 Minuten lang die Würze schäumend kochen. Nach 60 Minuten Kochzeit 57 g Saazer-Hopfen und 14 g Hallertauer-Mittelfrüh-Hopfen hinzugeben. 30 Minuten kochen lassen, dann die restlichen 57 g Saazer-Hopfen und 14 g Hallertauer-Mittelfrüh-Hopfen für den Rest der Kochzeit zugeben.

6 Die Würze über Nacht im Gäreimer abkühlen lassen. Am nächsten Tag die Hefe bei 17 °C hinzufügen und zur Gärung an einen dunklen Ort stellen. Die Hauptgärung dauert ungefähr 7 Tage. Nach 3 Tagen die Temperatur langsam jeden Tag um einen Grad erhöhen, bis 20 °C erreicht sind.

7 Schlauchen Sie das gegorene Bier und geben Sie es in Flaschen an einen dunklen Ort für 10-14 Tage zum Nachgären. Aufrecht stehend im Kühlschrank für 5 Wochen bei 3-5 °C reifen lassen.

KÜRBISBIER

20 l.

6-7 Wo.

Leicht

Zutaten

3,5 kg Pale Ale Malz
400 g Cara-Pils
400 g Cara Red
1 kg Speisekürbis (z. B. Hokkaido)
20 l Wasser (Hauptguss)
10 l Wasser (Nachguss)
34 g Hopfen (Pellets), Sorte Fuggles
28 g Hopfen (Pellets), Sorte Willamette
1 TL Gewürznelke
1 TL Piment
1 Zimtstange
20 g Ingwer
11,5 g Hefe Safale S-04

Nährwerte p. P.

201 kcal
16 g Kohlenhydrate
0 g Fett
0 g Eiweiß

Stammwürze: 14 °P, Hopfung: 26 IBU, Bierfarbe: 17 EBC

1 Den Kürbis zerkleinern und im Ofen bei ca. 180 °C (Umluft) für ca. 20-30 Minuten weich backen. Zimtstangen zerkleinern. Ingwer klein hacken.

2 Den weichen Kürbis zu einer gleichmäßigen Masse pürieren. 20 Liter Wasser im Braukessel erhitzen und bei 65 °C Malz und Kürbis einmaischen. 60 Minuten rasten lassen, dann auf 72 °C aufheizen und für 10 Minuten ruhen lassen.

3 Jodprobe entnehmen. Sobald diese jodnormal ausfällt, auf 76 °C erhitzen und abmaischen. Die Maische für 20 Minuten in der Läuterruhe lassen und unterdessen den Braukessel reinigen sowie den Nachguss auf 76 °C erhitzen.

4 Maische läutern und den Nachguss auf dem Treber für 10 Minuten ruhen lassen. Abläutern und die Würze zum Kochen geben.

5 Kochen Sie die Würze für 75 Minuten schäumend. Geben Sie nach 15 Minuten den Fuggles-Hopfen hinzu. Die Gewürze werden in einen Baumwollbeutel gegeben und so in den Sud gehängt und mitgekocht. 10 Minuten vor Kochende den Willamette-Hopfen mitkochen lassen.

6 Würze im Gäreimer auf 21 °C abkühlen lassen und Hefe über Nacht an einem ähnlich warmen Ort aufwärmen lassen. Die Hefe hinzugeben und den Gäreimer für 5-7 Tage an einem dunklen Ort lagern.

7 Das Bier schlauchen und in Flaschen an einem dunklen Ort für 10 Tage nachgären lassen. Im Anschluss mindestens 4 Wochen im Kühlschrank reifen lassen.

Zubereitungstipp: Da die Gewürze recht schnell dominant schmecken können, vorsichtig mit den Gewürzgaben sein und im Zweifel lieber zu wenig als zu viel nehmen oder kürzer mitziehen lassen.

LAKRITZBIER

38 l.

10 Wo.

Leicht

Stammwürze: 20,4 °P, Hopfung: 36,9 IBU, Bierfarbe: 55,2 EBC

Zutaten

28 l Wasser (Hauptguss)
22 l Wasser (Nachguss)
12,2 kg Pale Ale Malz
900 g Caramalz, dunkel
900 g Chocolate Malt
900 g Wiener Malz
42 g Hopfen (Pellets), Sorte Magnum
85 g Sternanis
28 g Hopfen (Pellets), Sorte Smaragd
12 g Hefe, Czech Lager (Brewferm)

Nährwerte p. P.

304 kcal
10 g Kohlenhydrate
0 g Fett
2 g Eiweiß

1 28 l Wasser im Braukessel auf 68 °C erhitzen. Das Malz hinzugeben und einmaischen. Auf 66 °C fallen lassen und 70 Minuten lang rasten lassen. Wenn die Jodprobe jodnormal ausfällt, abmaischen.

2 Maische im Läuterbottich 20 Minuten ruhen lassen und den Braukessel reinigen. Nachguss auf 68 °C erhitzen. Die Maische läutern und den Nachguss vorsichtig auf den Treber gießen. 10 Minuten ruhen lassen und läutern.

3 Die Würze 60 Minuten lang sprudelnd kochen. Den Magnum-Hopfen zu Kochbeginn hinzugeben. Füllen Sie den Sternanis in einen Baumwollbeutel und hängen Sie diesen nach etwa einer halben Stunde in die Würze, um mitzukochen. 15 Minuten vor Kochschluss den Smaragd-Hopfen zugeben.

4 Die Würze in den Gärtank geben und über Nacht auf 10-12 °C runterkühlen lassen. Am nächsten Tag die Hefe dazugeben und den Gäreimer verschlossen für 8-10 Tage an einem dunklen Ort lagern.

5 Nach Abschluss der Hauptgärung das Bier schlauchen und 10 Tage lang nachgären lassen. Für 4-8 Wochen aufrecht stehend im Kühlschrank (0-3 °C) nachreifen lassen.

GRUTBIER

10 Liter

3 Wo.

Leicht

Stammwürze: 11,3 °P, Hopfung: 19 IBU, Bierfarbe: 7 EBC

Zutaten

860 g Emmermalz
790 g Münchner Malz
79 g Caramalz, hell
126 g Sauermalz
8 l Wasser (Hauptguss)
6 l Wasser (Nachguss)
9 g Hopfen (Pellets), Sorte Amarillo
3 g Gagel
2 g Sumpfporst
15 g Bilsenkraut
11,5 g Hefe, Danstar Nottingham Ale

Nährwerte p. P.

165 kcal
10 g Kohlenhydrate
0 g Fett
2 g Eiweiß

1 8 l Wasser auf 58 °C erhitzen und das Malz einmaischen. Auf 55 °C für 10 Minuten rasten lassen. Auf 62 °C erhitzen und weitere 40 Minuten Rast einlegen.

2 Erwärmen Sie die Maische langsam auf 72 °C und halten Sie die Temperatur 20 Minuten für die Verzuckerung. Abmaischen bei 78 °C.

3 Die Maische im Läuterbottich für 20 Minuten ruhen lassen. Erhitzen Sie den Nachguss auf 78 °C und spülen Sie den Braukessel. Maische läutern und den Nachguss auf den Treber geben. 10 Minuten ruhen lassen, ehe nochmals geläutert wird.

4 Die Würze auf 100 °C für 65 Minuten schäumend kochen. Nach 5 Minuten etwa 4 g Hopfen und die Gewürze hinzugeben. 15 Minuten kochen, dann weitere 3 g Hopfen hinzufügen. 15 Minuten vor Kochende die letzten 2 g Hopfen mitkochen.

5 Die Würze abkühlen lassen und in den Gärtank geben. Über Nacht auf 20 °C abkühlen lassen und unterdessen die Hefe am selben Ort warm werden lassen. Hefe über der Würze verteilen, 30 Minuten rehydrieren lassen und mit einer abgekochten Küchenkelle hochziehen. Gärtank verschließen und mit der Gärung beginnen.

6 Die Gärung dauert etwa 5-7 Tage. Nach der Hauptgärung das Bier in Flaschen abfüllen und an einem kühlen Ort 10 Tage nachgären lassen. Für 2 Wochen bei 0 °C gären lassen.

Bierrezepte

BIERBROWNIES

12 l. 55 Min. Leicht

Zutaten

100 ml dunkles Bier, z. B. Guinness
85 g Zartbitterschokolade
200 g Zucker
2 Eier
85 g Mehl
1 TL Vanilleextrakt
1 Prise Salz
50 g Kakaopulver
1 Pkg Karamellglasur
Margarine oder Butter zum Einfetten

Nährwerte p. P.

369 kcal
36 g Kohlenhydrate
23 g Fett
5 g Eiweiß

1 Heizen Sie den Backofen auf 180 °C (Ober-/Unterhitze) vor. Eine Auflaufform oder Backform mit etwas Margarine oder Butter einfetten.

2 Bier in einen Topf gießen und für etwa 10 Minuten köcheln lassen, so dass es ungefähr die Hälfte an Volumen verliert. Geben Sie die Schokolade und die Butter mit in den Topf und lassen Sie beides schmelzen.

3 Zucker, Salz und Vanilleextrakt zur Schokomasse geben, vom Herd nehmen und abkühlen lassen. Alles so lange untermixen, bis sich der Zucker gelöst hat. Der Teig soll nicht komplett runterkühlen, sondern nur etwas an Temperatur verlieren.

4 Die Eier aufschlagen und unterrühren. Mischen Sie das Mehl mit dem Kakaopulver und sieben Sie es in den Teig. Unterheben und in die Form füllen.

5 Für 25 Minuten backen, dann auskühlen lassen und in 12 Stücke teilen. Karamellglasur mit Bier nach Packungsanleitung zubereiten und über den Brownies verteilen.

Serviertipp: Am besten mit einem Glas Coffee Imperial Stout genießen!

BIERSUPPE

4 Port.

20 Min.

Leicht

Zutaten

50 g Butter
2 Scheiben Graubrot
40 g Mehl
1 Zwiebel
0,5 l leichtes Bier (hell oder dunkel)
0,5 l Hühnerbrühe
1 Eigelb
100 ml Sahne
1 Prise Muskat
1 Bund Schnittlauch
Je Prise Salz und Pfeffer

Nährwerte p. P.

422 kcal
27 g Kohlenhydrate
26 g Fett
13 g Eiweiß

1 Schneiden Sie das Brot in Würfel. Etwas Butter in eine Pfanne geben und erhitzen. Rösten Sie die Brotwürfel kurz an und geben Sie je eine Prise Salz und Pfeffer dazu.

2 Schälen Sie die Zwiebel und schneiden Sie sie in Würfel. Die übrige Butter in einem Topf erwärmen, bis sie zerläuft. Geben Sie die Zwiebelwürfel in den Topf und dünsten Sie sie kurz an. Dann Mehl dazugeben und alles mit Bier und Brühe ablöschen. Für 5 Minuten köcheln lassen und anschließend von der Platte nehmen.

3 Eigelb mit Sahne verquirlen und zur Suppe geben. Muskat, Salz und Pfeffer nach Geschmack dazugeben und mithilfe eines Pürierstabs cremig mixen. Mit Schnittlauch anrichten.

HONIG-BIERBROT

20 Port.

9,5 Std.

Mittel

Zutaten

500 g Dinkelmehl
165 ml Bier (nach Wahl)
225 ml Wasser
¼ Würfel frische Hefe
2 TL Salz
1 EL Honig

Nährwerte p. P.

95 kcal
33 g Kohlenhydrate
62 g Fett
32 g Eiweiß

1 Mischen Sie das Dinkelmehl mit 2 TL Salz in einer Schüssel. Wasser in einem Topf erwärmen. Den Topf vom Herd nehmen und das Bier hinzugeben. Hefe und Honig hinzugeben und alles gut miteinander vermengen.

2 Geben Sie die Bier-Mischung auf das Dinkelmehl und kneten Sie alles mithilfe der Knethaken eines Rührgerätes glatt. Den fertigen Teig in einer großen Schüssel zugedeckt für etwa 8 Stunden in den Kühlschrank stellen.

3 Nehmen Sie den Teig aus dem Kühlschrank und heizen Sie den Ofen auf 230 °C (Ober-/Unterhitze) vor. Eine große ofenfeste Form oder einen Topf mit Deckel (22 cm Durchmesser) im Ofen kurz erwärmen. Geben Sie den Teig in die Form und geben Sie den Deckel darauf.

4 Das Brot für 30 Minuten in den Ofen geben, dann den Deckel runternehmen und für ca. 5-10 Minuten weiterbacken. Nehmen Sie das Brot vorsichtig aus der Form und lassen Sie es bei Raumtemperatur kühlen.

Zubereitungstipp: Je nach Biersorte schmeckt das Brot unterschiedlich. Mit einem helleren Bier wird das Brot milder, mit einem kräftigeren Bier wie Pils wird es würziger.

DIESEL

1 Port.

5 Min.

Leicht

Zutaten

350 ml Bier (hell)
150 ml Cola

Nährwerte p. P.

215 kcal
14 g Kohlenhydrate
0 g Fett
2 g Eiweiß

1 Ein ausreichend großes Glas zunächst mit Cola befüllen. Das Bier langsam und stetig zugeben.

2 Mit einem Pils wird das Mixgetränk auch Moorwasser genannt, mit einem Weizenbier wird das Diesel zu einem Cola-Weizen.

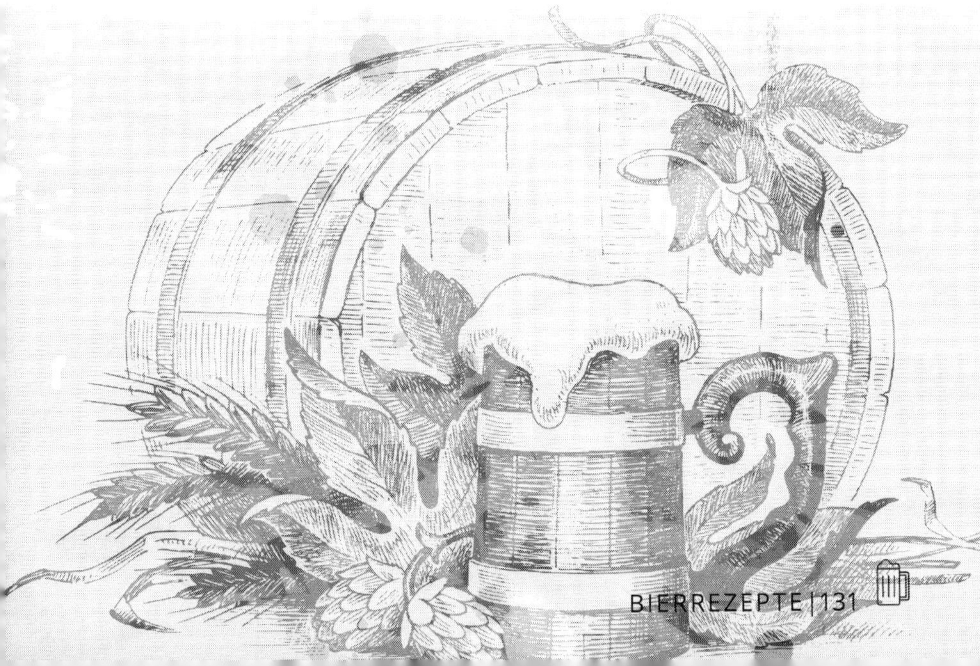

BANANENWEIZEN

2 Port.

5 Min.

Leicht

Zutaten

0,5 l Bananennektar
0,5 l Weizenbier

Nährwerte p. P.

225 kcal
29 g Kohlenhydrate
0 g Fett
0 g Eiweiß

1 Spülen Sie ein ausreichend großes Glas mit kaltem Wasser aus. Mit Bananennektar nur ungefähr ein Drittel ausfüllen.

2 Das Weizenbier langsam und stetig reingießen, so dass die beiden Flüssigkeiten sich ausreichend vermischen.

MICHELADA

1 Port.

5 Min.

Leicht

Zutaten

½ TL Zucker
1 TL Chiliflocken
2 Limetten
1 TL Worcestershire-soße
1 TL grobes Meersalz
1 Bier (500 ml), Sorte Mexikanisches Lager
½ TL Hotsauce
Eiswürfel

Nährwerte p. P.

207 kcal
21 g Kohlenhydrate
2 g Fett
1 g Eiweiß

1 Geben Sie die Chiliflocken mit dem Meersalz und dem Zucker auf einen Teller. Alles gründlich vermengen. Eine Limette halbieren. Reiben Sie ein Glas von innen und am oberen Rand mit der Limette ein. Stellen Sie das Glas kurz verkehrt herum auf die Mischung, sodass der Glasrand damit bedeckt wird.

2 Eiswürfel in das Glas geben und die Limetten auspressen. Limettensaft über die Eiswürfel gießen und die Worcestershiresoße sowie die Hotsauce hinzugeben. Mit Bier auffüllen und alles gründlich durchmixen.

BIERBRATEN

4 Port.

1 Std.
3 Min.

Mittel

Zutaten

4 Zwiebeln
500 ml Gemüsebrühe
2 EL Butterschmalz
2 TL Majoran
2 EL Zuckerrübensirup
2 EL Speisestärke
1 Möhre
1 Apfel
0,33 l Dunkelbier
Je Prise Salz und Pfeffer

Nährwerte p. P.

726 kcal
14 g Kohlenhydrate
40 g Fett
89 g Eiweiß

1 Würzen Sie das Schweinefleisch mit Salz und Pfeffer nach Geschmack. Eine Gusseisenpfanne erhitzen und das Butterschmalz darin auflösen. Den Braten einige Minuten von jeder Seite anbraten.

2 Apfel, Möhre und Zwiebeln schälen und in feine Stücke hacken. Alles gemeinsam mit Majoran in die Pfanne geben und auf kleiner Stufe dünsten. Den Backofen auf 180 °C (Ober-/Unterhitze) vorheizen.

3 Geben Sie das Fleisch in eine Auflaufform und würzen Sie nochmals nach. Mit Gemüsebrühe die Rückstände in der Pfanne ablöschen und alles über den Braten geben. Braten in den Ofen geben und 30 Minuten backen.

4 Die Hälfte des Dunkelbiers über den Braten geben und diesen wieder in den Ofen geben. Nach 15 Minuten den Braten mit Zuckerrübensirup einreiben und nochmals 20 Minuten garen.

5 Zum Schluss den Rest des Biers über das Fleisch gießen und 10 Minuten im Ofen ziehen lassen. Braten herausnehmen und an einen warmen Ort stellen. Die Brühe aus der Auflaufform in einen Topf gießen und mit einem Mixstab pürieren. Speisestärke hinzugeben, damit eine dickliche Soße entsteht. Den Braten in Scheiben schneiden und gemeinsam mit der Soße servieren.

Serviertipp: Das Dunkelbier eignet sich auch hervorragend als Getränk zum Schmaus!

BIERGULASCH

6 Port.

2 Std. 50 Min.

Mittel

Zutaten

1,6 kg Rindfleisch
3 Zwiebeln
Etwas Salz
2 EL Öl (Sonnenblume)
Prise Zucker
1 TL Paprikapulver
½ TL Chili
Prise Kräutersalz
1 l Bier
2-3 Lorbeerblätter
Je etwas frischer Rosmarin und Thymian
1 Stängel Liebstöckel

Nährwerte p. P.

460 kcal
3 g Kohlenhydrate
26 g Fett
53 g Eiweiß

1 Brausen Sie das Fleisch ab und tupfen Sie es trocken. In mundgerechte Stücke schneiden. Die Zwiebeln schälen und würfeln.

2 Eine große Pfanne auf höchster Stufe erhitzen. Öl hineingeben und das Fleisch scharf anbraten. Salz, Kräutersalz, Zucker, Chili und Paprikapulver hinzugeben. Zwiebeln mit anrösten. Löschen Sie alles mit Bier ab.

3 Rosmarin, Thymian, Lorbeerblätter und Liebstöckel mit in die Pfanne geben. Lassen Sie alles für ca. 2 Stunden auf niedrigster Stufe köcheln. Bier nachgießen, wenn zu wenig Flüssigkeit vorhanden ist. Vor dem Servieren mit Gewürzen abschmecken.

Serviertipp: Schmeckt besonders gut mit Semmelknödeln.

BIEREIERKUCHEN

2 Port. 30 Min. Leicht

Zutaten

125 ml helles Pils
2 Eier
1 Prise Salz
1 Schuss Mineralwasser mit Kohlensäure
75 g Mehl
1 Bratwurst
1 Zwiebel
Fett zum Anbraten
Prise Paprikapulver, rosenscharf
Etwas Schnittlauch
Nach Geschmack Gewürzgurken

Nährwerte p. P.

156 kcal
28 g Kohlenhydrate
0 g Fett
4 g Eiweiß

1 Mischen Sie die Eier mit etwas Salz und dem Bier. Anschließend das Mehl hinzufügen und nochmals kräftig verquirlen. Mit ein bisschen Mineralwasser mischen und für 20 Minuten ziehen lassen.

2 Pellen Sie die Bratwurst. Fett in der Pfanne erhitzen und unterdessen die Bratwurst in Scheiben schneiden. Braten Sie die Bratwurst von beiden Seiten gut an. Mit einer Prise Paprika würzen.

3 Schälen Sie die Zwiebel und schneiden Sie sie in Ringe. Bratwurst aus der Pfanne nehmen und Zwiebelringe darin goldgelb anbraten.

4 Eine separate, große Pfanne auf höchster Stufe erwärmen. Fett darin auflösen und die Eierkuchenmasse hinzugeben, sobald es heiß ist. Die Bratwurstscheiben und Zwiebelringe auf den Eierkuchen geben und wenden, sobald er von unten gut durch ist.

5 Den fertigen Eierkuchen auf einem Teller mit Gewürzgurken anrichten und etwas Schnittlauch darüberstreuen.

GOASSMASS

1 Port.

5 Min.

Leicht

Zutaten

500 ml dunkles Bier
500 ml Cola
80 ml Kirschlikör

Nährwerte p. P.

187 kcal
7 g Kohlenhydrate
0 g Fett
0 g Eiweiß

1 Wie der Name schon sagt, ist das Gesamtgetränk eine Maß, also in etwa ein Liter. Daher ein ausreichend großes Gefäß nehmen und Bier, Cola und Kirschlikör abwechselnd miteinander vermengen.

Zubereitungstipp: Ersatzweise kann man statt des Kirschlikörs auch Cognac verwenden.

MOJITOBIER

1 Port.

5 Min.

Leicht

Zutaten

4 cl weißer Rum
2 cl Limettensaft
2 cl Holunderblütensirup
120 ml Bier
Minze
Eiswürfel

Nährwerte p. P.

70 kcal
0 g Kohlenhydrate
0 g Fett
0 g Eiweiß

1 Rum, Holunderblütensirup und Limettensaft in einen Shaker oder ein verschließbares Gefäß geben. Eiswürfel hinzufügen und alles kräftig schütteln.

2 2. Eiswürfel oder Crushed Ice in ein Glas geben und das Mixgetränk über das Glas sieben (mit einem Barsieb, alternativ auch mit einem feinporigen Küchensieb). Bier langsam auf das Getränk gießen und mit Minze und Limettenscheiben anrichten.

WEISSBIER-HUGO

6 Port.

10 Min.

Leicht

Zutaten

40 Eiswürfel
8-9 EL Holunderblütensirup
100 ml Zitronensaft
1,4 l Kristallweizen
8 Stiele Minze

Nährwerte p. P.

90 kcal
11 g Kohlenhydrate
1 g Fett
1 g Eiweiß

1 Waschen Sie die Minze und schütteln Sie sie trocken. Blätter vom Stiel zupfen und in die Gläser geben.

2 Verteilen Sie den Sirup und den Zitronensaft auf die Gläser, so dass in jedem ungefähr gleich viel ist. Mit Eiswürfeln füllen. Bier gleichmäßig verteilen und servieren.

EISBOCK

1 Port.

1 Tag

Mittel

Zutaten

1 Liter Bockbier

Nährwerte p. P.

265 kcal
15 g Kohlenhydrate
0 g Fett
1 g Eiweiß

1 Das Bier vorsichtig in eine große Plastikflasche gießen und in die Tiefkühltruhe geben. 24 Stunden warten, bis das Bier vollständig gefroren ist.

2 Flasche aus der Tiefkühltruhe nehmen und sehr vorsichtig öffnen. Aufgrund des Drucks kann der Deckel abspringen. Stellen Sie einen Trichter sicher in ein Auffangbehältnis und positionieren Sie die Flasche so auf dem Trichter, dass das Bier darin ablaufen kann.

3 Das Bier auftauen lassen. Der Alkohol taut zuerst auf, weshalb darauf geachtet werden sollte, dass die Flasche nicht zu früh entfernt wird. Für ca. 2,5 Stunden tauen lassen, bis etwa ? der ursprünglichen Biermenge im Auffanggefäß gesammelt ist.

4 Den aufgetauten Eisbock in einem Glas servieren und genießen!